INGLÉS
PARA LA
VIDA DIARIA

INGLÉS
PARA LA
VIDA DIARIA

Grupo Editorial Tomo, S. A. de C. V.
Nicolás San Juan i043
03100 México, D. F.

1a. edición, septiembre 2001.
2a. edición, octubre 2002.
3a. edición, junio 2003.
4a. edición, julio 2005.

© *Inglés para la Vida Diaria*
Jesse Ituarte

© 2005, Grupo Editorial Tomo, S.A. de C.V.
Nicolás San Juan 1043, Col. Del Valle. 03100, México, D.F.
Tels. 5575-6615 • 5575-8701 y 5575-0186
Fax. 5575-6695
http://www.grupotomo.com.mx
ISBN: 970-666-419-X
Miembro de la Cámara Nacional
de la Industria Editorial No. 2961

Diseño de portada: Emigdio Guevara
Diseño interiores: Emigdio Guevara y Ricardo Sosa
Diseño tipográfico: Rafael Rutiaga
Supervisor de producción: Leonardo Figueroa

Impreso en México - Printed in Mexico

INTRODUCCIÓN

Este pequeño manual tiene el propósito de ayudarte a expresarte en inglés, aunque nunca antes lo hayas hecho. Incluye situaciones como visitas al médico, entrevistas de trabajo, conversaciones telefónicas, el vocabulario y frases que te ayudarán a conversar con los maestros de tus hijos, con dependientes de tiendas, funcionarios del gobierno y otras personas.

Describe lugares como restaurantes, hoteles, tiendas, bancos y consultorios médicos. Contiene ilustraciones de diversos ambientes de trabajo y de las herramientas y los objetos relacionados con ellos.

Las ilustraciones te ayudarán a visualizar las situaciones que se presentan y a recordar con más facilidad las palabras inglesas que se relacionan con ellas.

Incluye también una breve explicación de los elementos más importantes de la gramática inglesa y expresiones comunes en los Estados Unidos.

La sección de pronunciación te dará una idea de los sonidos del inglés comparados con los del español y te ayudará a utilizarlos al comunicarte con otros.

NOTAS SOBRE LA GRAMÁTICA INGLESA

Estas breves notas explican los puntos de la gramática inglesa que más difieren del español, con el propósito de ayudar al lector a entender la estructura del idioma. No pretende ser un tratado completo de este tema.

EL SUSTANTIVO

A. En el inglés, existen dos maneras de indicar los géneros femenino y masculino:

1. Con cambios al final de la palabra, por ejemplo:

ESPAÑOL		INGLÉS	
Masculino	**Femenino**	**Masculino**	**Femenino**
actor	actriz	actor	actress
héroe	heroína	hero	heroin
novio	novia	bridegroom	bride
viudo	viuda	widower	widow

2. Con palabras diferentes:

ESPAÑOL		INGLÉS	
Masculino	**Femenino**	**Masculino**	**Femenino**
muchacho	muchacha	boy	girl
hombre	mujer	man	woman
tío	tía	uncle	aunt

B. EL PLURAL. Es importante notar las siguientes características de los plurales en inglés:

1. Los plurales regulares se forman agregando una S al singular:

ESPAÑOL		INGLÉS	
Singular	**Plural**	**Singular**	**Plural**
muchacha	muchachas	girl	girls
muchacho	muchachos	boy	boys
caballo	caballos	horse	horses

2. Los nombres que terminan en *s, sh, ch, x, z,* forman el plural añadiendo ES:

ESPAÑOL		INGLÉS	
Singular	Plural	Singular	Plural
gas	gases	gas	gases
cepillo	cepillos	brush	brushes
iglesia	iglesias	church	churches

3. Los nombres que terminan en vocal (a, e, i, o, u) en ocasiones también forman el plural añadiendo ES:

ESPAÑOL		INGLÉS	
Singular	Plural	Singular	Plural
héroe	héroes	hero	heroes
volcán	volcanes	volcano	volcanoes

4. Cuando un nombre termina en y precedida de consonante, el plural se forma cambiando la *y* por *ies*:

ESPAÑOL		INGLÉS	
Singular	Plural	Singular	Plural
ciudad	ciudades	city	cities
dama	damas	lady	ladies

5. Algunos nombres que terminan en *f* o en *fe* forman el plural utilizando *ves*:

ESPAÑOL		INGLÉS	
Singular	**Plural**	**Singular**	**Plural**
cuchillo	cuchillos	knife	knives
esposa	esposas	wife	wives
hoja	hojas	leaf	leaves

6. Algunos nombres tienen plurales irregulares:

ESPAÑOL		INGLÉS	
Singular	**Plural**	**Singular**	**Plural**
hombre	hombres	man	men
mujer	mujeres	woman	women
niño	niños	child	children

7. Algunos nombres tienen la misma forma en singular y en plural:

ESPAÑOL		INGLÉS	
Singular	**Plural**	**Singular**	**Plural**
venado	venados	deer	deer
oveja	ovejas	sheep	sheep
aeronave	aeronaves	aircraft	aircraft

EL ARTÍCULO

A. El artículo definido "THE" equivale a los artículos *el, la, los las,* del español.

ESPAÑOL	INGLÉS
el árbol	the tree
la casa	the house
los árboles	the trees
las casas	the houses

B. El artículo indefinido "A" equivale a los artículos *un* y *una* del español. Cuando la palabra que va después de "A" empieza con vocal, se utiliza "AN".

ESPAÑOL	INGLÉS
un parque	a park
una calle	a street
un elefante	an elephant
una manzana	an apple

EL ADJETIVO

A. En inglés el adjetivo se coloca antes de la palabra que califica:

ESPAÑOL	INGLÉS
casa grande	big house
cielo azul	blue sky
hombre fuerte	strong man

B. En inglés los adjetivos no tienen formas plurales. Se usa la misma palabra para el singular y el plural:

ESPAÑOL	INGLÉS
casa grande	big house
casas grandes	big houses
hombre fuerte	strong man
hombres fuertes	strong men

C. En inglés existen dos formas de expresar el comparativo en los adjetivos. Los que tienen una sílaba, y los de dos sílabas que llevan el acento en la última sílaba, forman el comparativo agregando "ER":

ESPAÑOL	INGLÉS	ORACIÓN
frío	cold	Mi casa es fría. (My house is cold.)
más frío	colder	Tu casa es más fría. (Your house is colder.)

ESPAÑOL	INGLÉS	ORACIÓN
cortés	polite	Juan es cortés. (John is polite.)
más cortés	politer	Pedro es más cortés. (Peter is politer.)

D. Los adjetivos de dos sílabas o más forman el comparativo añadiendo la palabra MORE antes del adjetivo:

ESPAÑOL	INGLÉS
bonita	beautiful
más bonita	more beautiful

E. Los adjetivos de una sílaba forman el superlativo agregando "EST":

ESPAÑOL	INGLÉS	ORACIÓN
alto	tall	Juan es alto. (John is tall.)
el más alto	the tallest	Pedro es el mas alto. (Peter is the tallest.)

F. Los adjetivos de más de una sílaba forman el superlativo agregando THE MOST antes del adjetivo:

ESPAÑOL	INGLÉS
interestante	interesting
el más interesante	the most interesting

EL ADVERBIO

En inglés, muchos adverbios se forman añadiendo
"LY" a un adjetivo:

ESPAÑOL		INGLÉS	
Adjetivo	**Adverbio**	**Adjetivo**	**Adverbio**
lento	lentamente	slow	slowly
fuerte	fuertemente	strong	strongly

PRONOMBRES EN INGLÉS

PERSONALES		COMPLEMENTOS		POSESIVOS			ADJETIVOS POSESIVOS	
Español	Inglés	Español	Inglés	Español	Inglés	Español	Inglés	
YO	I	MÍ	ME	MÍO	MINE	MI	MY	
TÚ	YOU	TI	YOU	TUYO	YOURS	TU	YOUR	
ÉL	HE	ÉL	HIM	SUYO	HIS	SU	HIS	
ELLA	SHE	ELLA	HER	SUYO	HERS	SU	HER	
	IT		IT	SUYO	ITS	SU	ITS	
NOSOTROS	WE	NOSOTROS	US	NUESTRO	OURS	NUESTRO	OUR	
USTEDES (VOSOTROS)	YOU	USTEDES (VOSOTROS)	YOU	SUYO (VUESTRO)	YOURS	SU (VUESTRO)	YOUR	
ELLOS	THEY	ELLOS	THEM	SUYO	THEIRS	SU	THEIR	

POSESIVOS EN INGLÉS

Para indicar quien es el dueño de algo, se agrega un
apóstrofe (') y una "s" al final del nombre de la
persona. Por ejemplo:

ESPAÑOL	INGLÉS
Los zapatos de Beto.	Beto's shoes. (Betos shus)
La casa del Sr. Allen.	Mr. Allen's house. (MISter Alens *j*aus)

También podemos expresar posesión con adjetivos
posesivos. Por ejemplo:

Esta es mi falda.	This is my skirt. (*d*is is mai sk*i*rt)
¿Cuál es tu coche?	Which is your car? (*j*uich is yur car)
Su (de él) traje es negro.	His suit is black. (*j*is sut is blak)
Su (de ella) vestido es nuevo.	Her dress is new. (*j*er dres is niu)
Su (de un animal) alimento es caro.	Its food is expensive. (its fud is exPENsiv)
Nuestra casa es chica.	Our house is small. (aur jaus is smol)
Su (de ustedes) trabajo es excelente.	Your work is excellent. (yur uork is EXelent)

ESPAÑOL	INGLÉS
Su (de ellos) hija tiene ojos verdes.	Their daughter has green eyes. (*d*er DOTer *j*as grin ais)

Otra manera de hacerlo es con pronombres posesivos. Por ejemplo:

¿De quién es este libro?	Whose book is this? (*j*us buk is dis)
Es mío.	It's mine. (its main)
Es tuyo.	Its's yours. (its yurs)
Es suyo (de él).	Its's his. (its *j*is)
Es suyo (de ella).	Its's hers. (its *j*ers)
Es nuestro.	It's ours. (its aurs)
Es suyo (de ustedes).	Its's yours. (its yurs)
Es suyo (de ellos).	Its's theirs. (its *d*eirs)

Escribe oraciones como estas:

¿De quién es esta muñeca?	Whose doll is this? (*j*us dol is dis)
Es de Greta.	It's Greta's. (its Gretas)
Es su muñeca.	It's her doll. (its jer dol)
Es suya.	It's hers. (its jers)

ESPAÑOL	INGLÉS
¿Es tuyo este libro?	Is this your book? (is dis yur buk)
Sí.	Yes, it is. (ies it is)
Es mi libro.	It's my book. (its mai buk)
Es mío.	Its mine. (its main)
No. Es del abuelo.	No, it isn't. It's grandfather's. (nou, it isnt. Its grandfaders)

EL VERBO

A. El infinitivo de los verbos se dice anteponiendo la palabra TO:

ESPAÑOL	INGLÉS
HABLAR	TO SPEAK
CORRER	TO RUN
BENDECIR	TO BLESS

B. El único cambio que presentan los verbos en el tiempo presente es añadir una S a la tercera persona del singular:

ESPAÑOL	INGLÉS
Yo camino	I walk
Tú caminas	You walk
Él camina	He walks
Ella camina	She walks
El camina (un animal)	It walks
Nosotros caminamos	We walk
Ustedes caminan	You walk
(vosotros camináis)	
Ellos caminan	They walk

C. Las formas interrogativa y negativa se expresan utilizando los auxiliares DO y DOES (en la tercera persona):

INTERROGATIVO

ESPAÑOL	INGLÉS
¿Camino?	Do I walk?
¿Caminas?	Do you walk?
¿Camina él?	Does he walk?
¿Camina ella?	Does she walk?
¿Camina él?	Does it walk?
¿Caminamos?	Do we walk?
¿Caminan ustedes?	Do you walk?
(¿Camináis?)	
¿Caminan ellos?	Do they walk?

NEGATIVO

(do + not = don't/ does + not = doesn't)

ESPAÑOL	INGLÉS
No camino	I don't walk
No caminas	You don't walk
Él no camina	He doesn't walk
Ella no camina	She doesn't walk
Él no camina	It doesnt walk.
Nosotros no caminamos	We don't walk
Ustedes no caminan (vosotros no camináis)	You don't walk
Ellos no caminan	They don't walk

D. Para formar el pasado, se añade D o ED a los verbos regulares:

ESPAÑOL	INGLÉS
Yo trabajé	I worked
Tú jugaste	You played
Él pintó	He painted
Ella caminó	She walked
Nosotros cocinamos	We cooked
Ustedes quisieron	You wanted
Ellos llegaron	They arrived

E. El auxiliar para el interrogativo y el negativo en el pasado es DID:

ESPAÑOL	INGLÉS
¿Llegó Juana?	Did Jane arrive?
No llegó Juana.	Jane did not arrive.

En inglés hay un gran número de verbos irregulares que expresan el pasado de otra manera. Al final de este diccionario se presenta una lista de los verbos irregulares más comunes. Ejemplos:

ESPAÑOL	INGLÉS
PRESENTE: Yo como	I eat
PASADO: Yo comí	I ate
PRESENTE: Tú duermes	You sleep
PASADO: Tú dormiste	You slept
PRESENTE: Él sabe	He knows
PASADO: Él supo	He knew

F. El auxiliar que se utiliza para el futuro es WILL:

ESPAÑOL	INGLÉS
¿Trabajarás mañana?	Will you work tomorrow?
Trabajaré mañana	I will work tomorrow
No trabajaré mañana	I will not work tomorrow

Estos son los tiempos básicos. Existen otros tiempos de naturaleza más avanzada que aprenderás en su momento.

BASES DE LA PRONUNCIACIÓN INGLESA

El inglés, a diferencia del español, no se escribe como se pronuncia. Por esa razón este manual incluye una "guía de pronunciación". Aunque muchos sonidos del inglés son parecidos a los del español, existen diferencias en la forma de pronunciarlos, en su duración o en su intensidad, y el inglés en sí tiene un ritmo diferente al del español.

Una diferencia importante es que en inglés las consonantes finales tienen que pronunciarse con fuerza. No podemos omitirlas porque cambiaríamos el significado de la palabra. Por ejemplo "bite" significa "morder" y se pronuncia "bait"; "buy" significa comprar y se pronuncia "bai". Si no decimos la "t" de "bait", estamos diciendo "comprar" en lugar de "morder".

En esta sección se presentan los sonidos del inglés comparados con los del español, e indicaciones sobre su pronunciación, para que te empieces a familiarizar con los sonidos de este idioma.

SONIDOS VOCÁLICOS

Letra	Ejemplo en inglés	Como aparece en este manual	Explicación	Ejemplo de una palabra en español
A	cat (gato)	a	Sonido intermedio entre la *a* de gato y la *e* de queso	m-ae-sa (masa) combinando "a" con "e".
A	name (nombre)	ei	Como en "seis"	seis
A	father (padre)	a	Como en "paja", pero prolongado	paaaja
A	admire (admirar)	*a*	Sonido intermedio entre "e" y "o"*	
E	heat (calor)	i	Como en "misa"	misa
E	men (hombres)	e	Como en "mesa"	mesa
E	here (aquí)	ia	Como en "mía"	mía
I	right (correcto)	ai	Como en "hay"	hay
I	hit (golpear)	*I*	Como en "afirmar"	afirmar
O	top (parte de arriba)	**O**	Sonido intermedio entre "a" y "o"	
O	go (ir)	ou	"o" de cómo junto a la "u" de suyo	
O	bought (compró)	o	Sonido de la "o" de por, prolongada	pooor
U	use (usar)	iu		
U	cut (cortar)	*u*	Sonido intermedio entre "e" y "o"	
OO	boot (bota)	**u**	La "u" de uno, prolongada	uuuno
OO	book (libro)	u	La "u" de burro, acortada	burro
Y	buyer (comprador)	i	Sonido de vocal, "i" como en aire	aire

*Este sonido intermedio también se escribe con otras letras. En la guía aparecerán así: *a, e, i, o, u.*

SONIDOS DE
LAS CONSONANTES

1. Algunas consonantes se pronuncian igual que en español: F, M, N, CH.

2. Algunas son parecidas a las del español, pero más fuertes: B, D, C, D, G, P, T.

3. Algunas consonantes tienen una pronunciación diferente que el español: G, H, J, R, V, W, Y, Z. Estas diferencias se explican en el siguiente cuadro.

Conso-nante	Ejemplo en inglés	Explicación	Cómo aparece en este manual
G	dog (perro)	El sonido de "g" en goma, pero aspirado	G
G	general (general)	El sonido de la "Y" argentina, casi como un "ch"	Y
H	hot (caliente)	Sonido aspirado, como la "j" de jerga pero mucho más suave	J
J	job (trabajo)	El sonido de la "Y" argentina, con un vestigio de "ch"	Y
L	late (tarde)	Sonido más sonoro que la "l" española	L
R	rose (rosa)	Sonido semivocálico; se pronuncia elevando la lengua hacia el paladar	R
V	have (tener)	Sonido parecido a la "F", pero sonoro	V
W	we (nosotros)	Sonido vocálico, como el de "hueco"	U
Y	you (tú)	Sonido vocálico, como una "i"	I
Z	zebra	Como la "s" de mismo, pero sonora y vibrada	S
TH	thin (delgado)	Como la "c" de "dice" y la "z" de "azul" en la pronunciación castiza española (ponga la lengua entre los dientes y sople ligeramente)	Z
TH	then (entonces)	Sonido suave de "d", como en "cada"	D
NG	sing (cantar)	Como la "n" de "tengo"	NG
SH	she (ella)	Sonido que usamos para callar a alguien	SH
ZH	measure (medida)	Sonido de la "Y" Argentina	Y
WH	where (donde)	Como la "j" en "ajo" pero más suave	J

ACENTOS

En inglés no se escriben los acentos, como se hace en español, pero si se pronuncian. En este manual, la sílaba acentuada se escribirá con mayúsculas. Practica pronunciando los acentos de estas palabras en español:

corBAta	naRANja
cintuRÓN	teneDOR
PLANta	manZAna
pasTEL	VERde
vesTIdo	calceTÍN
PIña	ensaLAda

LOS NÚMEROS

Número	Inglés	Pronunciación	Ordinal	N inglés	Pronunc.
0	zero	Sírou			
1	one	Uan	primero	first	fírst
2	two	Tu	segundo	second	SEcond
3	three	Zri*	tercero	third	zerd
4	four	For	cuarto	fourth	forz*
5	five	Faiv	quinto	fifth	fifz*
6	six	Six			
7	seven	Seven			
8	eight	Eit			
9	nine	Nain			
10	ten	Ten			
11	eleven	/LEven			
12	twelve	Tuelv			
13	thirteen	ZirTIN			
14	fourteen	ForTIN			
15	fifteen	FifTIN			
16	sixteen	SixTIN			
17	seventeen	SevenTIN			
18	eighteen	EiTIN			
19	nineteen	NainTIN			
20	twenty	TUENti			
30	thirty	Z/Rti*			
40	forty	FORti			
50	fifty	FIFti			
60	sixty	SIXti			
70	seventy	SEventi			
80	eighty	Elti			
90	ninety	NAINti			
100	one hundred	uan HUNdred			
1000	one thousand	uan ZAUsand*			
Un millón	one million	uan MIllion			

* Recuerda que la Z se pronuncia como la C de "dice" y la Z de "azul" en España.

EJEMPLOS:

32	**thirty two** (Z*I*Rti tu).
78	**seventy eight** (SEventi eit).
563	**five hundred sixty three** (faiv H*U*Ndred SIXti zri).
4915	**four thousand nine hundred fifty** (for ZAUs*a*nd nain H*U*Ndred fifTIN).

FRACCIONES

1/2	ONE HALF (uan *j*af).
1/3	ONE THIRD (uan z*i*rd*).
1/4	ONE FOURTH (uan forz*).

EXPRESIONES COMUNES EN INGLÉS

LA HORA

ESPAÑOL	INGLÉS	Pronunciación
¿Qué hora es?	What time is it?	(*j*uat taim is it)
Son las nueve en punto	It's nine o'clock	(its nain *o*CLOK)
Son las nueve y cinco	It's five after nine	(its faiv after nain)
Son las nueve y diez	It's ten after nine	(its ten after nain)
	It's nine ten	(its nain ten)
Son las nueve y media	It's nine thirty	(its nain Z/Rti*)
Son quince para las diez	It's quarter to ten	(its CUARter to ten)

ESPAÑOL	INGLÉS	Pronunciación
Hora	hour	(aur)
Minuto	minute	(MInet)
Segundo	second	(SEcond)
Día	day	(dei)
Semana	week	(uik)
Mes	month	(monz)
Año	year	(ier)
Siglo	century	(CENturi)
Fin de semana	week end	(uik end)

PARTES DEL DÍA

Mañana	morning	(MORning)
Mediodía	noon	(nun)
Tarde (primeras horas)	afternoon	(afterNUN)
Noche (no muy tarde)	evening	(IVning)
Noche	night	(nait)
Medianoche	midnight	(MIDnait)

FECHAS ESPECIALES

ESPAÑOL	INGLÉS	Pronunciación
Día festivo	holiday	(JOliday)
Aniversario	anniversary	(aniVERsari)
Cumpleaños	birthday	(B*I*RZdei*)
Año nuevo	New Year	(nu ier)
Pascua	Easter	(ISter)
Navidad	Christmas	(KRISmas)

* Recuerda que la Z se pronuncia como la C de "dice" y la Z de "azul" en España.

EL CLIMA

Hace frío	It's cold	(its could)

Hace calor	It's hot	(its *j*ot)

ESPAÑOL	**INGLÉS**	**Pronunciación**

Está soleado   It's sunny   (its Suni)

Está nublado   It's cloudy   (its CLAUdi)

Está lloviendo   It's raining   (its REIning)

Está nevando   It's snowing   (its SNOUing)

FECHAS

Días de la semana:

ESPAÑOL	INGLÉS	PRONUNCIACIÓN
LUNES	MONDAY	MONdei
MARTES	TUESDAY	TIUSdei
MIÉRCOLES	WEDNESDAY	UENSdei
JUEVES	THURSDAY	ZURSdei*
VIERNES	FRIDAY	FRAIdei
SÁBADO	SATURDAY	SAturdei
DOMINGO	SUNDAY	SUNdei

Meses del año:

ESPAÑOL	INGLÉS	PRONUNCIACIÓN
ENERO	JANUARY	YAnuari
FEBRERO	FEBRUARY	FEbruari
MARZO	MARCH	March
ABRIL	APRIL	EIpril
MAYO	MAY	Mei
JUNIO	JUNE	Jun
JULIO	JULY	yuLAI
AGOSTO	AUGUST	OGost
SEPTIEMBRE	SEPTEMBER	SepTEMber
OCTUBRE	OCTOBER	OcTOUber
NOVIEMBRE	NOVEMBER	NoVEMber
DICIEMBRE	DECEMBER	DiCEMber

EJEMPLO:

¿Qué fecha es hoy?
What's the date?   (*j*uats *de* deit?)

Hoy es martes 14 de mayo.
Today is Tuesday, May 14.
(TOdai is TIUSdei, mei forTIN)

EXPRESIONES RELACIONADAS CON EL TIEMPO

ESPAÑOL	INGLÉS	Pronunciación
Ayer	yesterday	(IESterdei)
Anoche	last night	(last nait)
La semana pasada	last week	(last uik)
El año pasado	last year	(last ier)
Hace dos horas	two hours ago	(tu aurs agO)
Hace cuatro días	four days ago	(four deis agO)
Hace diez años	ten years ago	(ten iers agO)
Hoy	today	(tuDEI)
Esta mañana	this morning	(*dis* MORning)
Esta tarde	this afternoon	(*dis* afterNUN)
Esta noche	tonight	(tuNAIT)
A las ocho	at eight o'clock	(at eit *o*'clok)

ESPAÑOL	INGLÉS	Pronunciación
Mañana	tomorrow	(tuMOrou)
El año que viene	next year	(next ier)
La semana que viene	next week	(next uik)
El próximo mes	next month	(next monz)

ESTACIONES DEL AÑO

Primavera	Spring	(spring)
Verano	Summer	(SUmer)
Otoño	Autumn	(Otum)
	Fall	(fol)
Invierno	Winter	(UINter)

EL ALFABETO

Con frecuencia te pedirán que deletrees tu nombre o tu dirección. Por eso es útil saber cómo se pronuncian las letras del alfabeto.

Si alguien te dice: How do you spell your name? (¿Cómo se deletrea tu nombre?) (hau du iu spel iur neim?)

MARÍA ROBLES = em, ei, ar, ai, ei — ar, ou, bi, el, i, es

O te dicen: Please spell your address. (por favor deletree su dirección) (plis spel iur aDRES).

Tú le dices cada una de las letras de tu nombre o dirección.

A (ci)	B (bi)	C (si)	D (di)	E (i)	F (ef)
G (yi)	H (eich)	I (ai)	J (yei)	K (kei)	
L (el)	M (em)	N (en)	O (ou)	P (pi)	
Q (kiU)	R (ar)	S (es)	T (ti)	U (iu)	
V (vi)	W (debl iu)	X (ex)	Y (uai)	Z (si)	

SALUDOS
Y PRESENTACIONES

ESPAÑOL	INGLÉS	Pronunciación
Buenos días	Good morning	(gud MORning)
Buenas tardes	Good afternoon	(gud afterNUN)
Buenas noches (saludo)	Good evening	(gud IVning)
Buenas noches (despedida)	Good night	(gud nait)
Hola	Hello	(jeLOU)
	Hi	(jai)

Mi nombre es ____	My name is ____	(mai naim is ____)
Mi teléfono es ____	My phone is ____	(mai foun is ____)
Mi dirección es ____	My address is ___	(mai *a*DRES is __)
¿Cómo estás (está Ud.)?	How are you?	(*j*au ar iu?)
Bien, gracias	Fine, thank you	(fain, zank* iu)
Soy de México	I'm from México	(aim from México)
Gusto en conocerle	Glad to meet you	(glad tu mit iu)
Adiós	Good bye	(gud bai)
Nos vemos luego	See you later	(si iu LEIter)

DIÁLOGOS BÁSICOS

ESPAÑOL	INGLÉS	Pronunciación
¿Habla Ud. español?	Do you speak Spanish?	(do iu spiik SPAnish)
Por favor, repítalo.	Please repeat.	(pliis riPIT)
No hablo inglés.	I don't speak English.	(ai dount spiik INglish)

No hablo	I don't speak	(ai dount spiik
bien inglés	English well	INglish uel)
No entiendo	I don't understand	(ai dount
		*u*nderSTAND)

LA FAMILIA — THE FAMILY (de FAMili)

1. familiar	relative	(RELativ)
2. esposo	husband	(*JUS*band)
3. esposa	wife	(uaif)
4. padre	father	(FAD*er*)
5. madre	mother	(M*OD*er)
6. papá	dad	(dad)
7. mamá	mom	(mom)
8. padres	parents	(PERents)
9. hijo	son	(son)
10. hija	daughter	(DOT*er*)
11. hijos	children	(CHILdren)
12. sobrino	nephew	(NEFiu)
13. sobrina	niece	(nis)
14. abuelo	grandfather	(grand FAD*er*)
15. abuela	grandmother	(grand M*OD*er)
16. hermano	brother	(BRO*D*er)
17. hermana	sister	(SISt*er*)
18. tío	uncle	(*u*nkl)
19. tía	aunt	(ant)
20. primo(a)	cousin	(C*O*Sin)

FRASES ÚTILES:

Mi padre tiene ___ años.   My father is ___ years old.
                            (mai FADer is ___iers ould)

Mi primo vive en _____.   My cousin lives in _____.
                            (mai COSin livs in _____)

Mi tio ya es viejo.   My uncle is an old man.
                            (mai unkl is an ould man)

Mi sobrina es muy joven.   My niece is very young.
                            (mai nis is veri iong)

Estoy casado.   I am married.
                            (ai am MARid)

Ella no está casada.   She is not married.
                            (shi is not MARid)

Tenemos tres hijos.   We have three children.
                            (ui jav zri CHILdren)

Mi esposo es mecánico.   My husband is a mechanic.
                            (mai JOSband is a meKAnic)

Tengo ___ hermanos   I have ____ brothers
y ___ hermanas.   and ___ sisters. (ai jav ___
                            BRODers and ___ SISters)

Mi hermano conduce   My brother drives a taxi.
un taxi.   (mai BRODer draivs e taxi)

PARTES DEL CUERPO

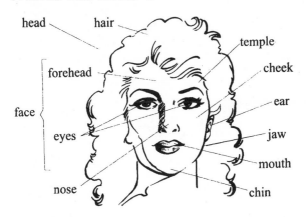

CABEZA Y CARA

1. Cabeza	head	(*j*ed)
2. Cabello	hair	(*j*er)
3. Frente	forehead	(FOR *j*ed)
4. Cara	face	(feis)
5. Sien	temple	(TEMpl)
6. Ojos	eyes	(ais)
7. Mejilla	cheek	(chik)
8. Nariz	nose	(nous)
9. Boca	mouth	(mauz*)
10. Barbilla	chin	(chin)
11. Mandíbula	jaw	(yo)
12. Oreja	ear	(iir)

EL CUELLO

1. Cuello   neck   (nek)
2. Garganta   throat   (zrout*)
3. Nuca   nape of the neck   (neip of *de* nek)

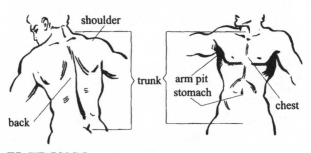

EL TRONCO

1. Tronco   trunk   (tr*u*nk)
2. Espalda   back   (bak)
3. Hombro   shoulder   (SHOUL*der*)
4. Axila   arm pit   (arm p*i*t)
5. Pecho   chest   (chest)
6. Estómago   stomach   (STO*mak*)

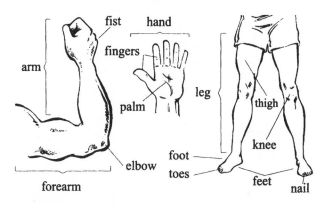

EXTREMIDADES

1. Brazo	arm	(arm)
2. Codo	elbow	(ELbou)
3. Antebrazo	forearm	(FORarm)
4. Mano	hand	(*j*and)
5. Puño cerrado	fist	(fist)
6. Palma	palm	(polm)
7. Dedos	fingers	(FINGers)
8. Pierna	leg	(leg)
9. Muslo	thigh	(zai*)
10. Rodilla	knee	(ni)
11. Pie	foot	(fut)
12. Pies	feet	(fit)
13. Uña	nail	(neil)
14. Dedos de los pies	toes	(tous)

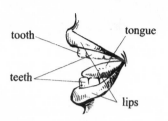

LA BOCA

1. Diente   tooth   (tuz*)
2. Dientes   teeth   (tiz*)
3. Lengua   tongue   (tong)
4. Labios   lips   (lips)

EL OJO

1. Ceja   eye brow   (ai brau)
2. Párpado   eye lid   (ai l*i*d)
3. Pestaña   eye lash   (ai lash)

*Recuerda que la TH se pronuncia como la "C" de dice y la "Z" de azul en España

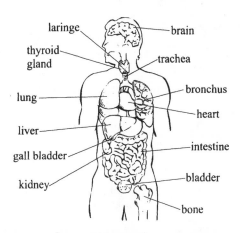

ALGUNOS ÓRGANOS DEL CUERPO

1. Glándula tiroides   thyroid gland   (DAIroid gland)
2. laringe   larinx   (LARinx)
3. tráquea   trachea   (TRA*kea*)
4. bronquios   bronchus   (BRONk*us*)
5. pulmón   lung   (l*u*ng)
6. corazón   heart   (*j*art)
7. hígado   liver   (L*IV*er)
8. cerebro   brain   (brein)
9. vesícula biliar   gall bladder   (gal BLAD*er*)
10. intestino   intestine   (inTEStin)
11. riñón   kidney   (KIDni)
12. vejiga   bladder   (BLAD*er*)
13. hueso   bone   (boun)

EMERGENCIAS MÉDICAS

Si tú o alguno de tus familiares tienen una emergencia médica, vayan a un hospital de inmediato. En muchas ciudades hay hospitales de bajo costo o gratuitos.

Si la persona que tuvo la emergencia médica no se puede mover, llama al 911 o a la operadora para que manden a los paramédicos.

Estas frases pueden serte de utilidad:

Esta es una emergencia	This is an emergency (dis is an emERyenci)
Hubo un accidente	There has been an accident. (der jas bin an ACCident)
Mi hijo está muy enfermo.	My child is very sick. (mai chaild is veri sik)
Mi esposo está muy enfermo.	My husband is very sick. (mai JUSband is veri sik)
Mi esposa está muy enferma.	My wife is very sick. (mai uaif is veri sik)
Mi hijo tomó veneno.	My child took poison. (mai chaild tuk POIson)
Mi hijo tomó píldoras.	My child took pills. (mai chaild tuk pils)

Mi hijo tomó drogas.

My child took drugs.
(mai chaild tuk drugs)

Mi esposa tiene dolores de parto seguidos.

My wife has labor pains
close together
(mai uaif jas LEIbor peins
clous toGEder)

Por favor mande una ambulancia.

Please send an ambulance
(pliis send an AMbiulans)

Por favor mande a los paramédicos

Please send the paramedics.
(pliis send de paraMEDics)

Necesito ayuda.

I need help.
(ai nid jelp)

Mi nombre es _____

My name is _____.
(mai neim is _____.)

Mi dirección es _____

My address is _____.
(mai ADres is _____.)

DIFERENTES TIPOS DE EMERGENCIAS

ESTOY _____

I AM _____
(ai am)

ÉL ESTÁ _____.   HE IS _____.
                      (ji is _____.)

ELLA ESTÁ _____. SHE IS _____.
                      (shi is _____.)

ELLOS (ELLAS) ESTÁN THEY ARE _____.
                      (dei ar _____.)

sangrando	bleeding	(BLIding)
inconsciente	unconscious	(unCONshes)
herido(a)	injured	(INchurd)
quemado(a)	burned	(burnd)
asfixiando	choking	(CHOUking)
mordido por un perro	bitten by a dog	(BITn bai a dog)
con dolores de parto	with labor pains	(uid LEIbor peins)
con dolores en el pecho	with chest pains	(uid chest peins)
vomitando	vomiting	(VOMiting)
mareado(a)	dizzy	(disi)
con nauseas	nauseus	(NOshes)

| Le dispararon | he has been shot. |
| | (ji jas bin shot) |

| TENGO _____ | I HAVE _____ |
| | (ai jav _____) |

| ÉL TIENE _____ | HE HAS _____ |
| | (ji jas _____) |

| ELLA TIENE _____ | SHE HAS _____ |
| | (shi jas _____) |

| ELLOS TIENEN ____ | THEY HAVE _____ |
| | (dei jav _____) |

| TENEMOS _____ | WE HAVE _____ |
| | (ui jav _____) |

picazón	itches	(ITches)
asma	asthma	(ASma)
tos	a cough	(a kef)
fiebre	fever	(FIVer)
escalofríos	chills	(chils)
gripe	the flu	(de flu)
garganta irritada	a sore throat	(a sour zrout*)

un resfriado	a cold	(a could)
la nariz tapada	a stuffed nose	(a stuft nous)
estreñimiento	constipation	(kenstiPAIshon)
una alergia	an allergy	(an ALEryi)
dolor de cabeza	a headache	(a JEDeik)
dolor de estómago	a stomach ache	(a STOmek eik)
dolor de oído	an ear ache	(an IReik)
hemorroides	hemorrhoids	(JEmoroids)
presión alta	high blood pressure	(jai blod PREshur)
una fractura	a fracture	(a FRACchur)
una torcedura	a sprain	(a sprein)

QUÉ DECIRLE AL DOCTOR

Me gustaría hacer una cita. I'd like an appointment
(aid laik an aPOINTment)

Hace ____ días estoy enfermo   I've been sick for ____ days
(aiv bin sik for ____ deis)

Hace _____ días está (él) enfermo	He's been sick for ___ days (jis bin sik for ___ deis)
Hace ___ días está (ella) enferma	She's been sick for __ days (shis bin sik for ___ deis)
Mi ___ está hinchado(a)	My _____ is swollen. (mai _____ is SUOlen)
Me duele el (la) _____	My _____ hurts. (mai _____ jurts)

EN EL HOSPITAL

Necesito un doctor.	I need a doctor. (ai nid a DOCtor)
Necesito una enfermera	I need a nurse (ai nid a nurs)
Necesito una pastilla para el dolor.	I need a pain pill. (ai nid a pein pil)
No puedo respirar.	I can't breath. (ai cant briz*)
No puedo dormir.	I can't sleep. (ai cant slip)

¿Cómo está mi bebé?	How's my baby? (jaus mai BEIbi?)
¿Puedo ver a mi bebé?	Can I see my baby? (can ai si mai BEIbi?)
¿Cuándo puedo irme a casa?	When can I go home? (juen can ai gou joum?)

SI VAS AL DENTISTA

Dentista	dentist	(DENtist)

Me duele la muela (el diente)	My tooth hurts (mai tuz* jurts.)
Mi diente está flojo.	My tooth is loose. (mai tuz* is lus.)
Mis encías están sangrando.	My gums are bleeding (mai gums ar BLIding)
Perdí un empaste.	I lost a filling (ai lost a FILing)
Me rompí un diente.	I broke a tooth. (ai brouk a tuz*.)
Rompí mi dentadura postiza.	I broke my denture (ai brouk mai DENchure.)

Quiero que me saque la muela.	I want my tooth pulled. (ai uant mai tuz puld)	
No quiero que me saque la muela.	I don't want my tooth pulled. (ai dount uant mai tuz* puld)	
Quiero anestesia.	I want novocaine. (ai uant NOUveKEIN)	
No quiero anestesia.	I don't want novocaine. (ai dount uant NOUveKEIN)	
¿Necesita (él o ella) frenillos?	Does he (she) need braces? (dos ji (shi) nid BREIsis?)	
Cepillo de dientes	toothbrush	(tuz* brush)
Pasta de dientes	toothpaste	(tuz* peist)
Hilo dental	dental floss	(DENtel flos)

SI VAS A VER AL OCULISTA

Oculista	optician	(opTISHen)
Necesito lentes nuevos.	I need new glasses (ai nid niu GLASes)	
¿Necesito lentes nuevos?	Do I need new glasses? (du ai nid niu GLASes?)	

* Recuerda que la TH se pronuncia como la "C" de dice y la "Z" de azul en España.

Necesito aros nuevos.	I need new frames (ai nid niu freims)
¿Necesito aros nuevos?	Do I need new frames? (du ai nid niu freims)
¿Necesito bifocales?	Do I need bifocals? (do ai ned baiFOCls?)
¿Necesito lentes de contacto?	Do I need contact lenses? (do ai nid CONtact LENses?)
Mis lentes están rotos.	My glasses are broken (mai GLASes ar BROUken)
Veo doble.	I have double vision. (ai hav Dobl viSHON)
Tengo la vista nublada	I have blurred vision. (ai hav blurred viSHON)
Tengo cataratas.	I have cataracts. (ai hav KATeracts)
No veo bien.	I can't see well. (ai kant si uel)
Mi ojo está hinchado.	My eye is swollen (mai ai is SUOln)
¿Cuándo estarán listos mis lentes?	When will my glasses be ready? (juen uil mai GLASes bi REdi?)

SI NECESITAS LLAMAR A LA POLICÍA

Puedes marcar 911, o a la Operadora. El teléfono de la policía está en las primeras páginas del directorio telefónico.

Por favor mande a la policía.	Please send the police. (plis send de poLIS)
Hay un ladrón en mi casa.	There's a burglar in my house. (ders a BURgler in mai jaus)
Hay un ladrón en la casa de al lado.	There's a burglar in the house next door. (ders a BURgler in de jaus next dor)
Alguien se robó mi ___	Someone stole my _____. (SOMuan stoul mai _____)
Una pandilla está causando problemas.	A gang is causing trouble. (a gagn is cosing TRObl.)
Alguien está borracho	Someone is drunk. (SOMuan is drunk)
Alguien está haciendo demasiado ruido.	Someone is making a lot of noise. (SOMuan is MEIking alot of nois)

SI HAY UN INCENDIO

Llamen al servicio de bomberos.	Call the fire department. (kol *de* fair diPARTment)
Llamen al los bomberos.	Call the firemen. (kol *de* fair men)
Hay un incendio en ___.	There's a fire at _____. (ders *a* fair at _____.)
Hay mucho humo.	There's a lot of smoke. (ders *a*lot of smouk.)
Hay alguien en la casa.	There's someone in the house. (ders SOMuan in *de j*aus.)
Tenemos un extinguidor de inciendios	We have a fire extinguisher. (ui *jav a* fair exTINGuisher.)
No tenemos un extinguidor de inciendios	We don't have a fire extinguisher. (ui dount *jav a* fair exTINGuisher.)
Hay una escalera de escape.	There is a fire escape (ders *a* fair esKEIP)

SI TIENES UN ACCIDENTE AUTOMOVILÍSTICO

Que el otro conductor te dé su nombre, teléfono, número de licencia, número de placas, datos sobre su seguro contra accidentes. Tú también debes tener información sobre el modelo y color del carro, el lugar donde ocurrió el accidente y la forma en que ocurrió. Los gastos los paga la persona que causó el accidente. Si está asegurado, la compañía de seguros cubrirá los gastos. Si el accidente es grave, llama a la policía. Si hay heridos, llama a una ambulancia.

Estas frases pueden serte útiles en caso de que tengas un accidente:

Hubo un accidente.	There has been an accident. (der *ja*s bin an AKsident)
Alguien está herido.	Someone is hurt. (SOMuan is *je*rt.)
Estoy herido.	I am hurt. (ai **am** *je*rt)
Llame una ambulancia.	Call an ambulance. (col an Ambiul*a*ns)
Llame a los paramédicos.	Call the paramedics. (col de PA*ra*MEdics)

¿Tiene seguro?	Do you have insurance? (do iu *ja*v inSHUr*a*ns?)
Yo tengo seguro.	I have insurance. (ai *ja*v inSHUr*a*ns)
No tengo seguro.	I don't have insurance. (ai dount *ja*v inSHUr*a*ns)
Pagaré por los daños.	I'll pay for the damages. (ail pei for *de* DAM*a*yes)

INFRACCIONES DE TRÁNSITO

¿Qué hice?	What did I do? (*j*uat did ai du?)
¿De cuánto es la multa?	How much is the fine? (*j*au m*u*ch is *de* fain?)
¿Cómo pago la multa?	How do I pay the fine? (*j*au du ai pei *de* fain?)
¿Dónde pago la multa?	Where do I pay the fine? (*j*uer du ai pei *de* fain?)
Quiero ir a la escuela de tránsito.	I want to go to traffic school. (ai uant tu gou tu TRAfic skul)
Muéstreme su licencia.	Show me your license. (shou mi iur LAIcens.)

SI VAS A BUSCAR TRABAJO

Estoy buscando trabajo.
I'm looking for a job.
(aim LUking for *a* **yob**)

¿Puedo llenar una
solicitud?
May I fill in an application?
(mei ai fil in an apliKEIsh*o*n?)

Tengo experiencia.
I have experience.
(ai *ja*v exPIriens)

No tengo experiencia.
I have no experience.
(ai *ja*v nou exPIriens)

Puedo trabajar de noche.
I can work at night.
(ai can uork at nait)

Puedo trabajar el fin
de semana.
I can work on weekends.
(ai can uork on UIKends)

Tengo mi tarjeta verde.
I have my green card.
(ai *ja*v mai grin card)

No tengo mi tarjeta
verde.
I don't have my green card.
(ai dount *ja*v mai grin card)

Tengo seguro social.
I have social security.
(ai *ja*v SOUshal seKIUriti)

No tengo seguro social.
I don't have social security.
(ai dount *ja*v SOUshal seKIUriti)

Haré un buen trabajo.   I'll do a good job.
                          (ail du *a* gud **yob**)

¿Cuánto pagan?   How much is the pay?
                          (*j*au m*u*ch is *de* pei?)

LA SOLICITUD DE EMPLEO

Si te piden que llenes una solicitud de empleo (application form), es conveniente que sepas las siguientes
frases y palabras:

Apellido	last name	(last neim)
Nombre	first name	(f*er*st neim)
Otros nombres	middle name	(midl neim)
Fecha	date	(deit)
Masculino	male	(meil)
Femenino	female	(fiMEIL)
Estado civil	marital status	(MArital STAt*u*s)
Soltero(a)	single	(singl)
Casado(a)	married	(MArid)
Divorciado(a)	divorced	(diVORST)

Familiares	relatives	(Relativs)
Solicitante	applicant	(APlikant)
Ciudadano	citizen	(SItisen)
Dirección	address	(*a*DRES)
Calle	street	(strit)
Ciudad	city	(siti)
Estado	state	(steit)
Código postal	zip code	(*s*ip coud)
Código de área	area code	(Erea cóud)
Seguro social	social security	(SOUshal seKIUriti)
Empleado	employee	(EMplo*yi*)
Persona que da un empleo	employer	(emPLOi*er*)
Escuela primaria	elementary school	(eleMENtri skul)
Secundaria	junior high school	(**Y**uni*er j*ai skul)
Preparatoria	high school	(*j*ai skul)

Escuela superior	college	(KOliy)
Universidad	university	(iuniVERsiti)
Entrenamiento	training	(TREIning)
Habilidades	skills	(skils)
Seguro de vida	life insurance	(laif inSHUrans)
Seguro médico	medical insurance	(MEDicl inSHUrans)
Salario	salary	(SAleri)
Gerente	manager	(MANeyer)
Por hora	hourly	(AURli)
Por semana	weekly	(UIKli)
Por mes	monthly	(MONdli)
Tiempo extra	overtime	(OUVer taim)
Firma	signature	(SIGnachur)

PARA HABLAR DE LO QUE SABE HACER EN EL TRABAJO:

Tengo experiencia
como _____

I have experience as a _____
(ai *jav* exPIriens as *a* _____)

mecánico
automotriz

car mechanic
(kar meKAnic)

plomero

plumber
(PLU*mer*)

jardinero

gardener
(GARdener)

carpintero   carpenter
              (CARpenter)

cocinero   cook (kuk)
(cocinera)

mesero   waiter
           (UEIter)

mesera   waitress
           (UEItres)

carnicero   butcher
             (BUTcher)

agricultor   farmer
             (FARmer)

ganadero   cattleman
             (Katlman)

sastre   tailor
             (TEIlr)

costurera   seamstress
(SIMStres)

modista   dressmaker
(DRES MEIker)

peluquero   barber
(BARber)

estilista   hairdresser
(JEIRdreser)

pescador   fisherman
                  (Fish*er*man)

vendedor   salesperson
(vendedora)   (SEILSperson)

pastelero   baker
                  (BEIk*er*)

zapatero   shoemaker
(que hace   (SHUmaik*er*)
zapatos)

zapatero cobbler
(que compone
zapatos) (KObler)

ebanista wood worker
(uud UERker)

orfebre goldsmith
(GOULDsmiz)*

platero silversmith
(SILversmiz)*

* Recuerda que la Z se pronuncia como la C de "dice" y la Z de "azul" en España.

relojero   watch maker
(uach MEIker)

fotógrafo   photographer
(foTOgrafer)

albañil   brick layer
(brik leir)

especialista concreter
en hormigón (conCRIter)

vidriero	glass worker (glas UORk*er*)	
electricista	electrician (electTRIshen)	
empapelador	paper hanger (PEIp*er* JANgu*er*)	
pintor	painter (PEINt*er*)	

peletero furrier
(F*Urier*)

tornero turner
de madera (TUR*ner*)

cestero basket maker
(BASket
MEI*ker*)

herrero blacksmith
(BLAKsmiz)

cerrajero   metalworker
(Metl UORkr)

soldador   welder
(UELder)

minero   miner
(MAIner)

trabajador   quarryman
de cantera   (KUAri man)
stonemason
(stoun MEIson)

encuadernador
      book binder
      (buk BAINd*er*)

chofer   driver
           (DRAIv*er*)

PUEDO _____   I can _____
                      (ai can _____)

arreglar coches	fix cars	(fix cars)
arreglar plomería	fix plumbing	(fix PLUMing)
arreglar ropa	fix clothes	(fix clouds)
arreglar zapatos	fix shoes	(fix shus)
arreglar muebles	fix furniture	(fix FERnichur)

arreglar aparatos eléctricos	fix electrical appliances	(fix eLEKtricl *a*PLAIenses)
arreglar relojes de pulso	fix watches	(fix UACHes)
arreglar relojes de pared	fix clocks	(fix kloks)
arreglar cerraduras	fix locks	(fix loks)
trabajar en el jardín	work in the garden	(uork in *de* GARden)
hacer trabajo de carpintería	do carpentry jobs	(du CARpentri **yobs**.)
cocinar	cook	(kuk)
coser	sew	(so)
conducir un auto	drive a car	(draiv e car)
conducir un camión	drive a truck	(draiv e tr*u*k)
pintar paredes	paint walls	(peint uols)
hacer la limpieza	do the cleaning	(du de CLIning)
planchar	do the ironing	(du de AIroning)
cuidar niños	baby sit	(BEIbi sit)

EL TELÉFONO —
THE TELEPHONE (de TELefon)

ESPAÑOL	INGLÉS	Pronunciación
Telefonear	telephone	(tu TELefoun)
Hacer una llamada	make a call	(tu meik e col)
Levantar la bocina	pick up the receiver	(pik up de riSIver)
Marcar un número	dial a number	(daial e NUMber)
Esperar	wait	(ueit)
Escuchar	hear	(jier)
Cortar	cut	(kut)
Colgar	hang up	(jang up)
Hacer una llamada de larga distancia	make a long distance call	(meik e long disTANS col)
Aceptar los cargos	accept the charges	(akCEPT de charyes)
Recibir	receive	(riSIV)
Usar	use	(ius)
Costar	cost	(cost)
Teléfono	telephone [phone]	(TELefon [foun])
Auricular	receiver	(riSIver)

Cable	wire	(uair)
Tono para marcar	dial tone	(daial toun)
Número	number	(NUMber)
Directorio	directory	(diREKtori)
Cuenta del teléfono	telephone bill	(TELefon bil)
Teléfono público	public telephone	(PUBlic TELefon)
Operador(a)	operator	(OpeREItr)
Larga distancia	long distance	(long DIStans)
Llamada por cobrar	collect call	(coLECKT col)
La línea está ocupada	the line is busy	(*de* lain is bisi)

Si hablas a la Compañía de Teléfonos, te pueden ser útiles estas frases:

Quiero tener un teléfono.	I want to get a telephone. (ai uant to get *a* TELefon)
¿Cuándo lo instalan?	When will you install it? (*j*uen uil iu insTOL it?)
Ya pagué mi cuenta.	I already paid my bil. (ai olREdi peid mai bil)
No corte el servicio, por favor.	Please don't cut the service. (plis dount cut *de* SERvis)

Mi teléfono no funciona. My telephone isn't working.
                        (mai TELefon isnt UORking)

¿Cuándo pueden   When can you repair it?
repararlo?   (*j*uen can iu riPAIR it?)

**Si quieres hacer una llamada telefónica, estas frases
te podrían ayudar:**

¿Dónde hay un teléfono Where is a pay phone?
público?   (*j*uers *e* pei foun?)

¿Puedo usar el teléfono? May I use the phone?
                        (mei ai ius *de* foun?)

**Estas frases pueden serte útiles al hablar con una
operadora de la compañía de teléfonos:**

Quiero hacer una   I want to make a collect call.
llamada por cobrar.   (ai uant tu meik *e* coLECT col.)

Yo tenía el número   I had a wrong number.
equivocado.   (ai *j*ad *e* rong NUMb*er*)

Deme el área   Please give me the area
para _____, por favor. number for _____.

                        (plis, giv mi *de* erea
                        NUMber for _____.)

Por favor deme el número telefónico de_____	Please give me the phone number of _____. (plis giv mi *de* foun NUMber of _____.)

Las siguientes frases le ayudarán a hacer y a contestar llamadas telefónicas:

¿Puedo hablar con _____?	May I speak to _____? (mei ai spik tu _____?)
No está aquí.	He (She) is not here. (Ji is not jiir.) (Shi is not jiir)
Regresará en una hora.	He (she) will be back in an hour. (Ji uil bi bak in an aur) (shil bi bak in an aur)
¿Puedo tomar el mensaje?	Can I take the message? (can ai teik *de* MESiy)
¿Quién habla?	Who is calling? (*j*us COLing?)

LA CASA — THE HOUSE (de jaus)

1. sótano	basement	(BEISment)
2. planta baja	ground floor	(graund flor)
3. primer piso	first floor	(first flor)
4. desván	loft	(loft)
5. tejado	roof	(ruf)
6. techo (interior)	ceiling	(SILing)
7. pared	wall	(uol)
8. chimenea	chimney	(CHIMni)
9. balcón	balcony	(BALkoni)
10. pasillo	hall	(jol)
11. puerta	door	(dor)
12. ventana	window	(UINdou)
13. tubos	pipes	(paips)
14. garaje	garage	(gaRAY)
15. cuarto de herramientas	tool shed	(tul shed)
16. terraza	terrace	(TERes)
17. escalones	steps	(steps)
18. escaleras	stairs	(steirs)
19. calentador	heater	(JITer)
20. cerradura	lock	(lok)
21. cerca	fence	(fens)

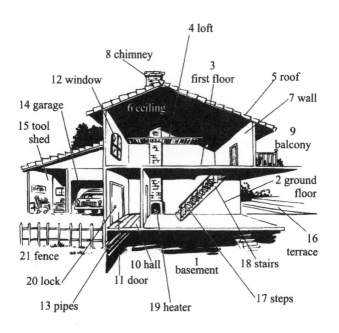

4 loft

8 chimney

3
first floor

12 window

5 roof

14 garage

7 wall

15 tool
shed

6 ceiling

9
balcony

2 ground
floor

16
terrace

21 fence

10 hall

1
basement

18 stairs

20 lock

11 door

17 steps

13 pipes

19 heater

FRASES ÚTILES: (con el vocabulario de la pág. 82)

¿Quién limpió el (la) _____?	Who cleaned the _____? (ju clined de _____?)
Yo (ai)	I cleaned the _____. (ai clind *de* _____.)
Tú (iu)	You cleaned the _____. (iu clind de _____.)
Él (*ji*)	He cleaned the _____. (ji clind de _____.)
Ella (shi)	She cleaned the _____. (shi clind de _____.)
Nosotros (ui)	We cleaned the _____. (ui clind de _____.)
Ustedes (iu)	You cleaned the _____. (iu clind de _____.)
Ellos (*d*ey)	They cleaned the _____. (dey clind de _____.)
¿Quién pintó el (la) ___?	Who painted the _____? (ju peinted de _____?)

SI VAS A RENTAR UNA CASA, PUEDES UTILIZAR LAS SIGUIENTES FRASES:

¿Cuánto es la renta?

How much is the rent?
(*j*au m*u*ch is *de* rent?)

¿Por cuánto tiempo
es el contrato?

How long is the lease?
(*j*au long is *de* liis?)

Puedo pagar la renta.

I can afford the rent.
(ai can *a*FORD *de* rent)

Somos cuatro en
la familia.

We are four in the family.
(ui ar for in *de* FAMili)

¿Cuándo podemos
mudarnos aquí?

When can we move in?
(*j*uen can ui muv in?)

¿Puede darme un recibo
por mi depósito?

Can you give me a receipt
for my deposit?
(kan iu giv mi a riCIT for
mai dePOsit?

La ventana está rota.

The window is broken.
(*de* UINdou is BROUken)

La puerta	the door	(*de* dor)
El techo	the roof	(*de* ruf)
El piso	the floor	(*de* flor)

La cerradura está
descompuesta.

The lock doesn't work.
(*de* lok dosnt uork)

| la llave del agua | the faucet | (*de* FOCet) |
| el tubo | the pipe | (*de* paip) |

El techo está goteando.   The roof is leaking.
                            (*de* ruf is LIKing)

LA COCINA

1. horno de microondas	microwave oven	(MAIcro ueiv ouven)
2. refrigerador	refrigetator	(reFRIyeREItr)
3. congelador	freezer	(FRI*ser*)
4. armario	cupboard	(CUPbord)
5. cajón de los cubiertos	cutlery drawer	(CUtleri dror)
6. estufa	stove	(stouv)
7. horno	oven	(OUven)
8. batidora	mixer	(MIXer)
9. enchufe de pared	wall socket	(uol SOket)
10. olla	pot	(pot)
11. fregadero	sink	(sink)
12. escurridor de platos	dish drainer	(dish DREIner)
13. lavavajillas	dish washer	(dish UAsh*er*)
14. tostador de pan	toaster	(TOUSt*er*)
15. silla	chair	(cher)
16. mesa	table	(TEIbl)

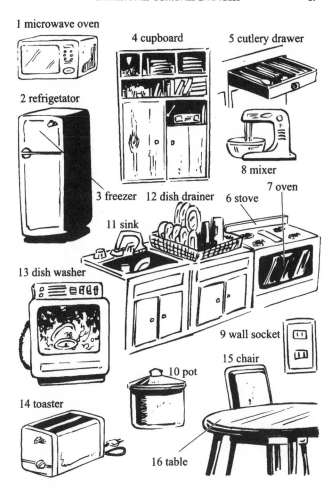

1 microwave oven
4 cupboard
5 cutlery drawer
2 refrigetator
8 mixer
3 freezer   12 dish drainer   6 stove
7 oven
11 sink
13 dish washer
9 wall socket
10 pot
15 chair
14 toaster
16 table

EL COMEDOR —
THE DINING ROOM (de DAIning rum)

1. mesa	table	(TEIbl)
2. mantel	table cloth	(TEIbl cloz)*
3. mantel individual	place mat	(pleis mat)
4. plato sopero	soup plate	(sup pleit)
5. plato	plate	(pleit)
6. sopera	soup turteen	(sup turTIN)
7. vaso de vino	wine glass	(uain glas)
8. silla	chair	(cher)
9. cortinas	curtains	(KERtins)
10. alfombra	carpet	(KARpet)
11. estante	shelf	(shelf)
12. aparador	side board	(said bord)
13. vitrina	cabinet	(KAbinet)
14. taza de café	coffee cup	(KOfi cup)
15. platillo de la tasa	saucer	(SOser)
16. jarrita de la leche	milk jug	(milk yug)
17. azucarera	sugar bowl	(SHUgr bol)

12 side board

8 chair

9 curtains

11 shelf

13 cabinet

3 place mat

1 table

2 table cloth

10 carpet

4 soup plate

5 plate

6 soup turteen

7 wine glass

14 coffee cup

16 milk jug

15 saucer

17 sugar bowl

UTENSILIOS DE COCINA —
KITCHEN UTENSILS (KITchen iuTENsils)

1. cuchara de madera	wooden spoon	(UUDen spun)
2. sartén	frying pan	(FRAing pan)
3. batería de cocina	pan set	(pan set)
4. tapadera	lid	(lid)
5. sacacorchos	corkscrew	(Cork skru)
6. cafetera	coffee pot	(KOfi pot)

FRASES ÚTILES:

Hay un ___ en la cocina.
There's a ___ in the kitchen
(ders e ___ in de KITchen)

El (la) _____ está en la cocina.
The _____ is in the kitchen
(de _____ is in de KITchen)

¿Dónde está el (la) _____?
Where is the _____?
(juer is de _____)

Está en la cocina.
It's in the kitchen.
(its in de KITchen)

ACCESORIOS DE MESA —
TABLEWARE AND CUTLERY
(TEIbl uer and CUTleri)

1. plato de postre	dessert plate	(diSERT pleit)
2. cuchillo	knife	(naif)
3. tenedor	fork	(fork)
4. cuchara	table spoon	(TEIbl spun)
5. cucharita	tea spoon	(ti spun)
6. servilleta	napking	(NAPkin)
7. salsera	sauce boat	(sos bout)
8. panera	bread basket	(bred BASket)
9. panecillo	roll	(rol)
10. rebanada de pan	slice of bread	(slais of bred)
11. ensaladera	salad bowl	(SAlad bol)
12. pan tostado	toast	(toust)
13. mantequillera	butter dish	(BUter dish)
14. frutero	fruit bowl	(frut bol)

FRASES ÚTILES:

Pon el (la) _____   Put the _____ on the table
sobre la mesa.   (put *de* _____ on *de* teibl)

¿Hay un (una) _____ en el comedor?	Is there a _____ in the dining room?
	(is *der e* _____ in de daining rum?)
Sí hay.	Yes, there is. (ies *der* is.)
No hay.	No, there isn't. (nou, *der* isnt.)

LA SALA —
THE LIVING ROOM (de LIving rum)

1. estante	bookshelf	(buk shelf)
2. televisor	televisión set	(TEle VIshn set)
3. sillón	armchair	(arm cher)
4. cojín del asiento	seat cushion	(sit KUshn)
5. sofá	sofa	(SOUfa)
6. mesa de centro	coffee table	(KOfi teibl)
7. cenicero	ashtray	(ash trei)
8. botella	bottle	(BOtl)
9. planta de interior	indoor plant	(indor plant)

8 bottle

9 indoor plant

3 armchair

4 seat cushion

5 sofa

7 ashtray

1 bookshelf

6 coffee table

2 televisión set

FRASES ÚTILES:

Compré un (una) _____   I bought a _____
para la sala.   for the living room.

                          (ai bot e _____ for de
                          living rum.)

Tenemos un (una) _____   We have a _____
en la sala.   in the living room.

                          (ui hav e _____
                          in de living rum.)

Estoy puliendo el estante.   I'm polishing the bookshelf.
                          (aim POLishing *de* buk shelf)

Puede variar esta frase cambiando estoy" para referirse a otras personas, y en vez de decir "bookshelf" puede mencionar otros muebles o partes de la casa:

Estás puliendo la mesa.   You're polishing the table.
                          (iur POLishing *de* teibl)

Luisa está puliendo   Luisa is polishing the chairs.
las sillas.   (Luisa is POLishing *de* chers)

Álvaro está puliendo   Álvaro is polishing
la cabecera.   the headboard.
                          (Álvaro is POLishing
                          *de je*d bord)

Estamos puliendo las puertas.	We're polishing the doors. (uir POLishing *de* dors)
Los muchachos están puliendo los pisos.	The boys are polishing the floors. (de bois ar POLishing *de* flors)

También puede utilizar otras acciones en vez de "polishing". Por ejemplo:

Estás sacudiendo la mesa.	You're dusting the table. (iur DUSting *de* teibl)
Luisa está limpiando las sillas.	Luisa is cleaning the chairs. (Luisa is KLINing *de* chers)
Álvaro está pintando la cabecera.	Álvaro is painting the headboard. (Álvaro is PEINTing *de je*d bord)
Estamos trapeando la terraza.	We're moping the terrace. (uir MOPing *de* TERas)
Estoy barriendo la cocina.	I'm sweeping the kitchen. (aim SUIPing *de* KITchen)

LA RECÁMARA — THE BEDROOM (de bed rum)

1. cama	bed	(bed)
2. cama matrimonial	double bed	(dobl bed)
3. cabecera	headboard	(*j*ed bord)
4. colcha	bedspread	(bed spred)
5. sábana	sheet	(shiit)
6. colchón	mattress	(MATres)
7. almohada	pillow	(PILou)
8. funda de la almohada	pillow case	(PILou keis)
9. lámpara de cabecera	reading lamp	(RIDing lamp)
10. tocador	dressing table	(DRESing teibl)
11. taburete del tocador	dressing stool	(DRESing stul)
12. espejo	mirror	(MI*Ror*)

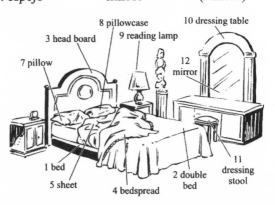

8 pillowcase
10 dressing table
3 head board
9 reading lamp
7 pillow
12 mirror
1 bed
5 sheet
4 bedspread
2 double bed
11 dressing stool

Adjetivos (pueden usarse para describir los objetos que ya hemos presentado).

Grande	big	(big)
Chico(a)	small	(smol)
Moderno(a)	modern	(MODern)
Antiguo(a)	old	(ould)
Blanco	white	(juait)
Negro(a)	black	(blak)
Azul	blue	(blu)
Verde	green	(grin)
Café	brown	(braun)
Amarillo	yellow	(IELou)
Rojo	red	(red)
Violeta	purple	(PURpl)

FRASES ÚTILES:

¿Tienes un (una) _____ en la recámara?	Do you have a _____ in the bedroom?
	(du iu hav e _____ in de bed rum?)
El (la) _____ es nuevo(a)	The _____ is new
	(de _____ is niu)
El (la) _____ es viejo(a)	The _____ is old
	(de _____ is ould)

EL BAÑO — THE BATHROOM (de baz* rum)

1. tina de baño	bath tub	(baz t*u*b)
2. llave mezcladora	mixing faucet	(MIXing FOSit)
3. esponja	sponge	(spony)
4. toalla	towel	(taul)
5. toallero	towel rail	(taul reil)
6. papel higiénico	toilet paper	(TOIlet PEIp*er*)
7. excusado	toilet	(TOIlet)
8. asiento del excusado	toilet seat	(TOIlet sit)
9. azulejo	tile	(tail)
10. jabón	soap	(soup)
11. jabonera	soap dish	(soup dish)
12. lavabo	washbasin	(wash BAIsin)
13. cepillo de dientes	tooth brush	(tuz br*u*sh)
14. máquina de afeitar eléctrica	electric shaver	(iLECtrik SHAIv*er*)
15. ducha	shower cubicle	(SHOUer KIUbicl)
16. regadera	shower nozzle	(SHAUer nosl)
17. botiquín	medicine cabinet	(MEDicin KABinet)

FRASES ÚTILES:

¿Dónde está el (la) ___? Where is the _____?
(*j*uer is *de* _____)

Está cerca del (de la) __. It is near the _____.
(it is niir *de* _____)

Está sobre el (la) ____.   It is on the _____.
                             (its on *de* _____)

Está detrás del (de la) __.   It is behind the _____.
                             (its BIjaind *de* _____)

Está dentro del (de la) __.   It is in the _____.
                             (its in *de* _____)

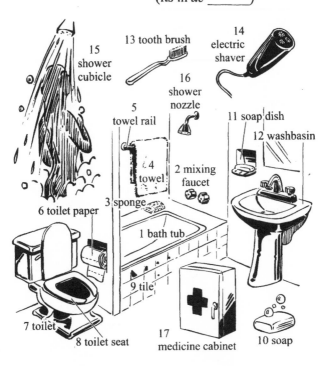

13 tooth brush
14 electric shaver
15 shower cubicle
16 shower nozzle
5 towel rail
11 soap dish
12 washbasin
4 towel
2 mixing faucet
3 sponge
6 toilet paper
1 bath tub
9 tile
7 toilet
8 toilet seat
17 medicine cabinet
10 soap

UTENSILIOS DOMÉSTICOS —
HOUSEHOLD UTENSILS (jaus jold uiTENsils)

1. plancha — iron — (AIRen)
2. mesa (burro) de planchar — ironing board — (AIRoning bord)
3. lavadora — washing machine — (UASHing maSHIN)
4. secadora — drier — (DRAIer)
5. tendedero — clothes line — (clous lain)
6. escalera — ladder — (LADer)
7. cepillo — brush — (brush)
8. crema para zapatos — shoe polish — (shu POLish)
9. escoba — broom — (brum)
10. recogedor — dustpan — (dust pan)
11. cubeta — bucket — (BUKet)
12. trapo — rag — (rag)
13. aspiradora — vacuum cleaner — (VAKium KLINer)
14. mango — handle — (JANdl)
15. tubo de prolongación — extensión tube — (exTENshon tiub)

FRASES ÚTILES:

Necesito un (una) _____. I need a _____
(ai nid *e* _____.)

Estoy usando el (la) ___. I'm using the _____
(aim iusing *de* _____.)

1 iron
2 ironing board
3 washing machine
4 drier
5 clothes line
6 ladder
7 brush
8 shoe polish
9 broom
10 dustpan
11 bucket
12 rap
13 vacuum cleaner
14 handle
15 extension tube

HUERTOS Y JARDINES - GARDENS

1. escoba de hojas	rake	(reik)
2. planta	plant	(plant)
3. flor	flower	(FLAUer)
4. árbol	tree	(tri)
5. regadera	sprinkling can	(SPRINkling kan)
6. árboles frutales	fruit trees	(frut tris)
7. arriate de flores	flower bed	(FLAUer bed)
8. arbusto	bush	(bush)
9. espantapájaros	scarecrow	(SKERcrou)
10. sendero	garden path	(GARdn paz)*
11. seto	hedge	(jech)
12. siembra	seed sowing	(sid SOing)
13. maceta	flower pot	(FLAUer pot)
14. raíz	root	(rut)
15. botón	bud	(bud)
16. bulbo	bulb	(bulb)
17. injerto	graftage	(GRAFtich)
18. abono	fertilizer	(FERtilaiser)
19. caracol	snail	(sneil)
20. cortadora de césped	lawn mower	(lon maur)
21. hierbas malas	weeds	(uids)
22. hojas	leaves	(livs)
23. insectos	insects	(INsects)
24. jardinero	gardener	(GARdener)

25. pala	shovel	(SHOvel)
26. semillas	seeds	(sids)
27. tijeras	clippers	(KLIpers)

1 rake 2 plant 3 flower 5 sprankling can

4 tree

6 fruit trees

7 flower bed 8 bush 10 garden path

11 hedge 9 scarecrow

12 seed sowing 13 flower pot 14 root 15 bud 16 bulb

17 graftage

18 fertilizer 19 snail 20 lawn mower

21 weeds 22 leaves 23 insects

24 gardener 25 shovel 26 seeds 27 clippers

Uso de THIS, THAT, THESE, THOSE.

Este es un árbol.　　This is a tree.　　(*dis* is *a* tri)

Ese es un árbol.　　That's a tree.　　(*dats a* tri)

Estos son árboles.　　These are trees. (*d*iis are tris)

Esos son árboles.　　Those are trees. (*d*ous are tris)

Esta es una raíz.　　This is a root.　　(*dis* is *a* rut)

Esa es una flor.   That's a flower. (*d*ats *a* flaur)

Estas son macetas.   These are   (*d*iis are
                      flower pots.   flaur pots)

Esas son escobas
de hojas.   Those are rakes. (*d*ous are reiks)

Se puede hacer lo mismo con otros objetos:

Este(a) es un (una) ___.   This is a _____
                            (*dis* is *a* _____)
Ese(a) es un (una) ____.   That's a _____
                            (*d*ats *a* _____)
Estos son _____.   These are _____
                            (*d*iis are _____)
Esos son _____.   Those are _____
                            (*d*ous are _____)

HORTALIZAS — VEGETABLES (VEYetabls)

ESPAÑOL	INGLÉS SINGULAR	PLURAL
1. guisante (chícharo)	pea (pi)	peas (pis)
2. frijol (alubia)	bean (bin)	beans (bins)
3. tomate	tomato (toMEIto)	tomatoes (toMEItos)
4. pepino	cucumber (KIUkumber)	cucumbers (KIUkumbers)
5. espárrago	asparagus (asPARagus)	asparagus (asPARagus)
7. rábano	radish (RADish)	radishes (RADishes)
8. zanahoria	carrot (KARot)	carrots (KARots)
9. perejil	parsley (PARSli)	----
10. calabaza	pumpkin (PUMPkin)	pumpkins (PUMPkins)
11. cebolla	onion (Onion)	onions (Onions)
12. ajo	garlic (GARlik)	----
13. apio	cellery (SELeri)	----
14. espinaca	spinach (SPINich)	----
15. col de Bruselas	---	Brussels sprouts (BRUSels sprauts)
16. coliflor	cauliflower (COLiflaur)	cauliflowers (COLiflaurs)
17. col	cabbage (KABich)	cabbages (KABiches)

18. lechuga   lettuce (LETes)   ----
19. alcachofa   artichoke   artichokes
              (ARTichouk)   (ARTichouks)

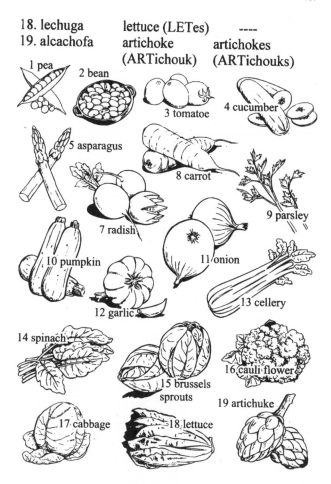

1 pea
2 bean
3 tomatoe
4 cucumber
5 asparagus
8 carrot
9 parsley
7 radish
10 pumpkin
11 onion
12 garlic
13 cellery
14 spinach
15 brussels sprouts
16 cauli flower
17 cabbage
18 lettuce
19 artichuke

FRASES ÚTILES:

Aquí cultivamos _____. Here we cultivate _____.
(jir ui CULtiveit __)

Este platillo lleva _____. This dish has _____.
(dis dish jas _____)

Necesito _____ para I need _____ for
la ensalada. the salad.
(ai nid ____ for de SALad)

¿Te gusta el (la) ____? Do you like _____?
(du iu laik _____?)

Sí. Yes, I do. (ies ai du)

No. No, I don't. (nou ai dount)

FRUTAS — FRUITS (fruts)

ESPAÑOL	INGLÉS SINGULAR	PLURAL
1. cereza	cherry (cheri)	cherries (CHEris)
2. ciruela	plum (plum)	plums (plums)
3. melocotón	peach (pich)	peaches (piches)
4. nuez	walnut (UALnut)	walnuts (UALnuts)
5. manzana	apple (Apl)	apples (Apls)
6. pera	pear (per)	pears (pears)
7. plátano	banana (baNAna)	bananas (baNAnas)

8. melón	melon (MELon)	melons (MELons)
9. sandía	watermelon	watermelons
	(uatr MELon)	(uatr MELons)
10. piña	pineapple	pineapples
	(pain apl)	(pain apls)

1 cherry

2 plum

3 peach

4 walnut

5 apple

6 pear

7 banana

8 melon

9 watermelon

10 pineapple

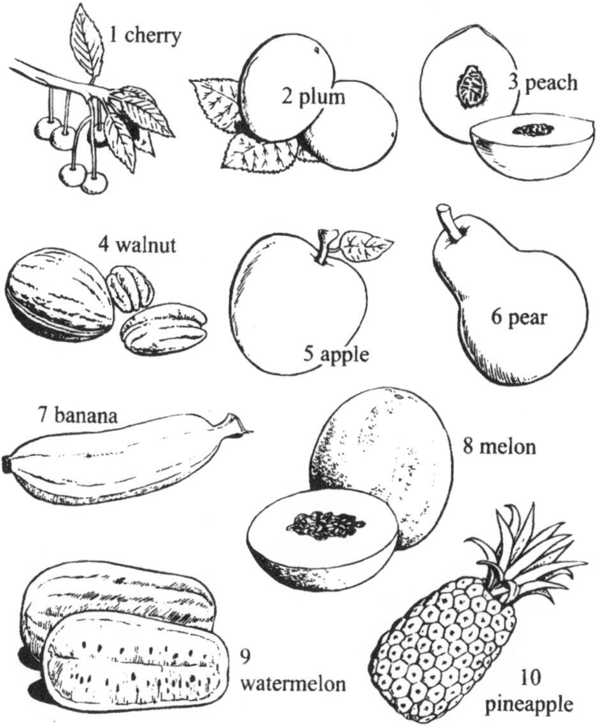

FRASES ÚTILES:

Los (las) _____   _____ son baratos.
are cheap.   (_____ar chip)

Las cerezas son caras   Cherries are expensive.
                             (cheris ar exPENsiv)

Las nueces son más caras.   Walnuts are more
                             expensive.
                             (UALnuts ar mor
                             exPENSIV)

Estas manzanas son   These apples are
deliciosas.   delicious.
                             (diis Apls ar
                             diLISHus)

Estas manzanas son las   These **apples are** the
más deliciosas.   most **delicious.**
                             (diis A**pls ar de** moust
                             diLISHus)

Los melones son grandes.   Melons are big.
                             (MELons ar big.)

Las piñas son más
grandes.

Pineapples are
bigger.
(pain apls ar biguer)

Las sandías son las
más grandes.

Watermelons are
the biggest.
(uatr MELons ar
de biguest)

Las peras de Martín
son buenas.

Martin's pears
are good.
(MARtins pers ar gud)

Las peras de María
son mejores.

Mary's pears
are better.
(meris pers ar BETer)

Las peras de Susana
son las mejores.

Susan's pears
are the best.
(SUSans pers
are the best)

LA GRANJA — THE FARM (de farm)

1. establo	stable	(steibl)
2. campesino	farmer	(FARmer)
3. pocilga	pigpen	(pig pen)
4. cerdo	pig	(pig)
5. estiércol	manure	(MANur)
6. regador	sprinkler	(SPRINkler)
7. perro guardian	watch dog	(uach dog)
8. ternero	calf	(kaf)
9. vaca	cow	(kau)
10. vaca lechera	dairy cow	(DEIri kau)
11. leche	milk	(milk)
12. gallina	hen	(jen)
13. pollo	chicken	(CHIken)
14. gallo	cock	(kok)
15. tractor	tractor	(TRAKtr)
16. pastizal	meadow	(MEDou)
17. ganado	cattle	(katl)
18. caballo	horse	(jors)
19. asno	donkey	(DONki)
20. cabra	goat	(gout)
21. cordero	lamb	(lam)
22. gato	cat	(cat)
23. conejo	rabbit	(RABit)
24. pavo	turkey	(TURki)
25. pavo real	peacock	(PIKok)

26. paloma	pigeon	(PIYen)
27. ganso	goose	(gus)
28. gansa	gander	(GANder)
29. pato	duck	(duk)
30. pata	drake	(dreik)

FRASES ÚTILES:

El campesino tiene un caballo.

The farmer has a horse.
(*de* FARmer *j*as *e j*ors)

El campesino tiene caballos.

The farmer has horses.
(*de* FARmer *j*as *J*ORses)

LA FRASE SE PUEDE VARIAR PARA EXPRESAR OTRAS IDEAS:

El campesino tiene _____. The farmer has _____.

(*de* FARmer *j*as _____)

1 stable

2 farmer

3 pigpen

4 pig

5 manure

6 sprinkler

8 calf

7 watch dog

9 cow

11 milk

12 hen

10 dairy cow

13 chicken

14 cock

15 tractor

16 meadow

17 cattle

18 horse

19 donkey

20 goat

21 lamb

22 cat

23 rabbit

24 turkey

25 peacock

26 pigeon

27 goose

28 gander

29 duck

30 drake

La granja tiene _____. The farm has _____
                        (*de* farm *j*as ____)

Nosotros tenemos _____. We have _____
                        (ui *j*av _____)

Ellos tienen _____. They have _____
                        (dey *j*av _____)

José tiene _____. Joseph has _____
                      (YOUsef *j*as ____)

José cría _____. Joseph raises _____
                     (REISes)

Yo crío _____ I raise _____. (ai reis)

José vende _____. Joseph sells _____ (sels)

Tú vendes _____ You sell _____ (iu sel)

José compra _____. Joseph buys _____ (bais)

Compramos _____ We buy _____ (ui bai)

AVICULTURA —
POULTRY FARMING (POLtri FARming)

1. incubadora	brooder	(BRU*d*er)
2. comedero	feeding trough	(FIDing trof)
3. abrevadero	drinking trough	(DRINKing trof)
4. gallinero	hencoop	(jen cup)
5. jaula	cage	(keiy)

6. huevo	egg	(eg)
7. gallina ponedora	laying hen	(leing *j*en)
8. clara de huevo	egg white	(eg juait)
9. yema	yolk	(iolk)

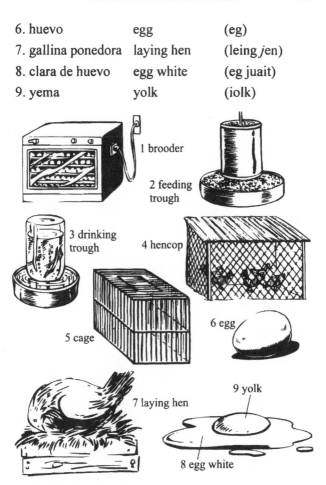

1 brooder

2 feeding trough

3 drinking trough

4 hencop

5 cage

6 egg

7 laying hen

9 yolk

8 egg white

FRASES ÚTILES:

Trabajo en una granja avícola.	I work at a poultry farm. (ai uork at e POLtri farm)
Roberto trabaja en una granja avícola.	Roberto works at a poultry farm. (ROBert uorks at a POLtri farm)

PUEDE VARIAR ESTA FRASE PARA REFERIR-
SE A OTRAS PERSONAS Y OTROS TIEMPOS,
POR EJEMPLO:

PASADO:

¿Cuándo trabajaste en la granja?	When did you work at the farm? (*j*uen did iu uork at *de* farm)
Trabajé en la granja hace dos años.	I worked at the farm two years ago. (ai uorkt at de farm tu iers aGOU.)
¿Cuándo trabajó Abel en la granja?	When did Abel work at the farm? (*j*uen did Abel uork at *de* farm)

Trabajó en la granja el año pasado.	He worked at the farm last year. (*j*i uorkt at de farm last ier.)
Los muchachos no trabajaron en la granja.	The boys didn't work at the farm. (*de* bois didnt uork at *de* farm.)

FUTURO:

¿Trabajarás en la granja?	Will you work at the farm? (uil iu uork at *de* farm?)
Si.	Yes, I will. (ies ai uil)
No.	No, I wont. (nou ai uont)
Voy a trabajar en la granja.	I'm going to work at the farm. (aim going tu uork at *de* farm.)
Vamos a trabajar en la granja.	We're going to work at the farm. (uir going tu uork at *de* farm.)

Luis va a trabajar
en la granja.

Luis is going to work
at the farm.
(Luis is going tu uork
at *de* farm)

Vamos a instalar un
comedero nuevo.

We're going to install
a new feeding trough.
(uir going tu insTAL
a niu FIDing trof)

PUEDE VARIAR ESTA FRASE PARA REFERIR-
SE A OTRAS COSAS. Por ejemplo:

Voy a limpiar
el abrevadero.

I'm going to clean
the drinking trough.
(aim going tu clin
de DRINKing trof)

Van a comprar jaulas.

They're going to buy
cages.
(*d*eir going tu bai
KEIyes.)

PRESENT PERFECT:

¿Has trabajado en granjas?	Have you worked at farms? (*j*av iu uorkt at farms)
Sí.	Yes, I have. (ies, ai *j*av)
No.	No, I haven't. (nou, ai *j*avnt)
¿Ha trabajado él en granjas?	Has he worked at farms? (*j*as *j*i uorkt at farms)
Sí.	Yes, he has. (ies, *j*i *j*as)
No.	No, he hasn't. (nou, *j*i *j*asnt)
¿Han trabajado (ellos) en granjas?	Have they worked at farms? (*j*av dei uorkt at farms)
Sí.	Yes, they have. (ies, dei *j*av)
No.	No, they haven't. (nou, dei *j*avnt)

VITICULTURA —
VITICULTURE (vitiCULTchur)

1. región vinícola   vineyard area   (VINiard erea)

2. viñedo   vineyard   (VINiard)

3. vid   grapevine   (GREIPvain)

4. sarmiento   vine shoot   (vain shut)

5. racimo de uvas   bunch of grapes   (bunch of greips)

6. vendimiadora   grape gatherer   (greip GADerer)

7. viticultor   wine grower   (uain GROUer)

8. prensa de uva   grape crusher   (greip KRUsher)

FRASES ÚTILES:

Somos viticultores.   We're wine growers.
(uir uain GROUers)

Estamos en una región vinícola.   We're in a vineyard area.
(uir in a VINiard erea)

Trabajamos en los viñedos.   We work in the vineyards.
(ui uork in de VINiards)

1 vineyard area

2 vineyard

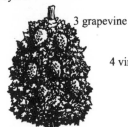

3 grapevine

4 vine shoot

6 grape gaderer

5 bunch of grapes

7 wine grower

8 grape crusher

LA CARNICERÍA —
BUTCHER'S SHOP (BUTcher shop)

1. jamón	ham	(jam)
2. tocino	bacon	(BEIcon)
3. cecina	smoked meat	(smoukt mit)
4. lomo	sirloin	(S*I*Rloin)
5. manteca de cerdo	lard	(lard)
6. salchicha	sausage	(SOSiy)
7. carne molida	mincemeat	(MINSmit)
8. carne de res	beef	(bif)
9. ternera	veal	(vil)
10. carne de cerdo	pork	(pork)

FRASES ÚTILES:

¿Siempre compras carne de res?	Do you always buy beef? (du iu Olueis bai bif)
Sí.	Yes, I do. (ies, ai du)
No. A veces compro carne de cerdo.	No, sometimes I buy pork. (nou, somtaims ai bai pork.)
Nunca compro manteca de cerdo.	I never buy lard. (ai NEVer bai lard.)
Rara vez compro carne molida.	I seldom buy mincemeat. (ai SELdom bai MINSmit)
¿Tiene carne de ternera?	Do you have veal? (du iu *j*av vil)

Necesito carne molida para albóndigas.

I need mincemeat to make meat balls.
(ai nid MINSmit tu meik mit bols)

1 ham

2 bacon

3 smoked meat

4 sirloin

5 lard

6 sausage

7 mincemeat

8 beef

9 veal

10 pork

EL TALLER DE MODISTA — DRESSMAKER WORKROOM

1. modista(o)	dressmaker	(dres MEIker)
2. sastre	tailor	(TEIlor)
3. costurera	seamstress	(SIMStres)
4. cinta métrica	tape measure	(teip MESHur)
5. aguja	needle	(NIDle)
6. alfiler	pin	(pin)
7. bolsa	pocket	(POKet)
8. carrete	spool	(spul)
9. costura	seam	(sim)
10. puntadas	stitches	(STIches)
11. cuello	collar	(KOLar)
12. dedal	thimble	(ZIMbl)
13. dobladillo	hem	(jem)
14. gancho	hanger	(JANguer)
15. tela	fabric	(FABrik)
16. ojal	button hole	(BUTn joul)
17. tijeras de corte	cutting shears	(CUTing shiirs)
18. mesa de corte	cutting table	(CUTing teibl)
19. máquina de coser	sewing machine	(soing maSHIN)
20. hilo	thread	(*zred)
21. patrón	pattern	(PATern)
22. botón	button	(BUTn)
23. plancha de vapor	steam iron	(stim airon)

1 dressmaker

 2 tailor

 3 seamstress

 4 tape measure

 5 needle

 6 pin

 7 pocket

 8 spool

 9 seam

 10 stitches

 11 collar

 12 thimble

 13 hem

 14 hanger

15 fabric

 16 button hole

17 cutting shears

 18 cutting table

 19 sewing machine

20 thread

 21 pattern

 22 button

 23 steam iron

FRASES ÚTILES:

La costurera está cosiendo un ojal.	The seamstress is sewing a button hole. (*de* SIMStres is SOing *a* BUTn *j*oul)

Puede variar este enunciado utilizando el vocabulario que se da arriba. Por ejemplo:

La modista está cortando una falda.	The dressmaker is cutting a skirt. (*de* dres MAIKer is CUTing *a* skirt)
La costurera está usando un dedal.	The seamstress is using a thimble. (*de* SIMStres is UISing *a* ZIMbl)
Estoy trabajando en la máquina de coser.	I'm working on the sewing machine. (aim UORKing on *de* SOing maSHIN)
Estás trabajando en la mesa de corte.	You're working at the cutting table. (uir UORking at *de* CUTing teibl)

TAMBIÉN PUEDE VARIAR LAS FRASES PARA REFERIRSE AL PASADO.

La modista estaba cortando una falda.	The dressmaker was cutting a skirt.
	(*de* dres MAIKer uas CUTing *a* skirt)
La costurera estaba usando un dedal.	The seamstress was using a thimble.
	(*de* SIMStres uas UISing *a* ZIMbl)
Estaba yo trabajando en la máquina de coser.	I was working on the sewing machine.
	(ai uas UORKing on *de* SOing maSHIN)
Estabas trabajando en la mesa de corte.	You were working at the cutting table.
	(ui uer UOURKing at *de* cuting teibl)
Las costureras estaban cortando patrones.	The seamstresses were cutting patterns.
	(de SIMStreses uer cuting PATerns)

PELUQUERO DE SEÑORAS —
LADIES HAIRDRESSER (leidis jeir dreser)

1. salón de belleza	beauty parlor	(biuti PARlr)
2. tinte para el pelo	hair color	(*j*eir COlor)
3. cepillo para el cabello	hair brush	(*j*eir br*u*sh)
4. rizador	curler	(KERl*e*r)
5. peine	comb	(com)
6. pinza para el cabello	hair clip	(jeir klip)
7. espejo	mirror	(mirer)
8. secador	drier	(DRAIer)
9. instalación de lavado	shampoo unit	(shamPU IUNit)
10. mesita de servicio	service tray	(SERvis trei)
11. peluca	wig	(uig)
12. máquina eléctrica para cortar el cabello	electric clippers	(eLEKtric KLIp*e*rs)
13. tijeras	scissors	(SISors)
14. tijeras para entresacar el cabello	thinning scisors	(zining SISors)

15. cabello lacio	straight hair	(streit *jeir*)
16. cabello rizado	curly hair	(c*u*rli *jeir*)
17. cabello corto	short hair	(short *jeir*)
18. cabello largo	long hair	(long *jeir*)
19. pelo suelto	hair worn loose	(jeir uorn lus)
20. coleta	pigtail	(pig teil)
21. peinado	hair do hair style	(*jeir* du) / (*jeir* stail)
22. cola de caballo	pony tail	(POUni teil)
23. trenzas	braids	(breids)
24. cabello tirante hacia atrás	swept back hair	(suept bak *jeir*)
25. fleco	bangs	(bangs)
26. raya en medio	center parting	(CENter PARTing)
27. raya al lado	side parting	(said PARTing)

1 beauty parlor
2 hair color
4 curler
3 hair brush
5 comb
6 hair clip
7 mirror
8 drier
9 shampoo unit
10 service tray
13 scissors
12 electrics clippers
11 wig
14 thinning scissors

15 straight hair

16 curly hair

17 short hair

18 long hair

19 hair wong loose

20 pigtail

21 hair do, hair style

22 pony tail

23 braids

24 swept back hair

25 bangs

26 center parting

27 side parting

CABALLEROS:
ESTILOS DE PEINADOS Y BARBA

1. barba	beard	(bird)
2. bigote	moustache	(m*u*sTASH)
3. corte de pelo al cepillo	crew cut	(cru c*u*t)
4. patillas	whiskers	(*j*uisk*e*rs)
5. piocha	shadow	(SHAdou)
6. calvo	bald	(bold)
7. barba de tres días	stubble beard	(STUbl bird)
8. afeitado completo	clean shave	(klin sheiv)

FRASES ÚTILES:

¿Cómo prefieres el pelo? How do you like your hair?
(*j*au du iu laik iur *j*eir)

Lo prefiero corto. I prefer it short.
(ai priFER it short)

¿Por qué? Why? (*j*uai)

Porque es más práctico. Because its more practical.
(biCOS its mor PRACtical)

¿Desea Ud. un lavado de pelo? Do you want a hairwash?
(du iu uant e *j*eir wash)

¿Cuándo te vas a cortar el pelo?	When will you have a haircut? (*j*uen uil iu *j*av *e j*eir c*u*t)
Mañana.	Tomorrow (tuMOrou)
La semana próxima.	Next week (next uik)
El martes.	On Tuesday (on TIUSdei)

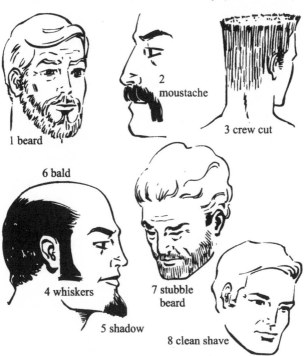

1 beard

2 moustache

3 crew cut

6 bald

4 whiskers

7 stubble beard

5 shadow

8 clean shave

CONSTRUCCIÓN —
CONSTRUCTION SITE (consTRUKshon sait)

1. planta baja	ground floor	(graund flor)
2. pared de ladrillos	brick wall	(brik uol)
3. dintel de la ventana	lintel	(LINtl)
4. suelo maciso	concrete floor	(CONcrit flor)
5. andamio de trabajo	work platform	(uork PLATform)
6. albañil	brick layer	(brik leir)
7. cuezo de argamasa	mortar trough	(MORtar trof)
8. montacargas	builder's hoist	(BILders joist)
9. carretilla	wheelbarrow	(juil BARou)
10. mezcladora de hormigón	concrete mixer	(konKRIT MIXer)
11. saco de cemento	bag of cement	(bag of ceMENT)
12. plomada	plummet	(PLUMet)
13. paleta de albañil	trowel	(traul)
14. maceta	mallet	(MALet)
15. llana	laying on trowel	(leing on traul)
16. yesero	plasterer	(PLASterer)

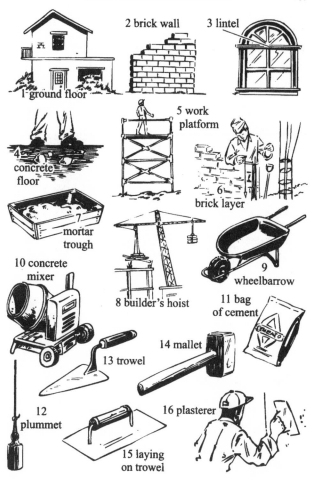

1 ground floor

2 brick wall

3 lintel

4 concrete floor

5 work platform

6 brick layer

7 mortar trough

8 builder's hoist

9 wheelbarrow

10 concrete mixer

11 bag of cement

12 plummet

13 trowel

14 mallet

15 laying on trowel

16 plasterer

FRASES ÚTILES:

He trabajado como albañil.	I have worked as a brick layer. (ai *j*av uorkt as *e* brik leier)
¿Tienes experiencia como yesero?	Do you have experience as a plasterer? (du iu hav exPIRiens as e PLASterer)
Sí.	Yes, I do. (ies, ai du)
No.	No, I dont. (nou, ai dount)
¿Sabes usar la (el) ____?	Do you know how to use the _____? (du iu now *j*au tu ius de ___)
Los albañiles necesitan _____.	The brick layers need _____. (de brik leiers nid _____.)

HERRAMIENTAS — TOOLS (tuls)

1. sierra de arco	hacksaw	(*j*ak so)
2. desatornillador	screwdriver	(skru DRAIver)
3. desatornillador de estrella	cross-point screwdriver	(kros point skru DRAIver)

4. martillo	hammer	(JAMer)
5. lima gruesa	wood rasp	(uud rasp)
6. llave para apretar tubos	corner pipe wrench	(Corner paip rench)
7. llave para apretar tubos	water pump pliers	(uater pump plaiers)
8. tenazas	pincers	(PINsers)

1 hacksaw

2 screwdriver

3 cross-point screwdriver

4 hammer

5 wood rasp

6 corner pipe wrench

9. alicate	tongs	(tongs)
10. taladro eléctrico	electric drill	(eLECtric dril)
11. disco abrasivo	grinding wheel	(GRAINding *j*uil)
12. serrucho	hand saw	(*j*and so)
13. torno para madera	wood turning lathe	(uud TURning leid)
14. pistola de soldar	soldering gun	(SOLdring g*u*n)
15. tapicería	upholstery	(*u*pJOLseri)

FRASES ÚTILES:

Deberías usar un(a) ___.   You should use a _____.
(iu shud ius *e* _____)

Podrías usar un(a) ____.   You could use a _____.
(iu kud ius *e* _____)

¿Puedo usar el (la) ____.   May I use the _____?
(mei ai ius *de* _____)

¿Quién está usando   Who is using the _____?
el (la) _____?   (*j*us iusing *de* _____)

Permíteme trabajar con   Let me work with the ____.
el (la) _____.   (let mi uork ui*d de* _____)

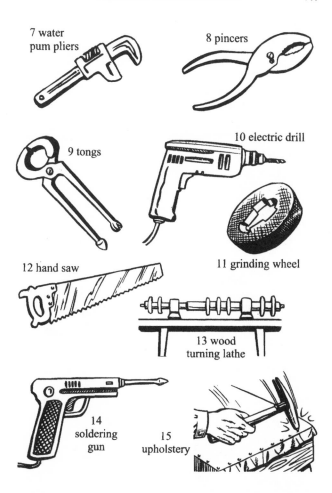

7 water pum pliers

8 pincers

9 tongs

10 electric drill

11 grinding wheel

12 hand saw

13 wood turning lathe

14 soldering gun

15 upholstery

VEHÍCULOS — VEHICLES (Vlicls)

1. bicicleta	bicycle	(BAIsicl)
2. motocicleta	motorcycle	(MOUTr saicl)
3. automóvil	automobile	(OToMOvil)
4. camión pequeño	light truck	(lait truk)
5. camioneta con plataforma	platform truck	(PLATform truk)
6. camión pesado	heavy truck	(JEvi truk)
7. tren	train	(trein)
8. velero	sailboat	(seil bout)
9. avión	airplane	(eir plein)
10. hidroavión	seaplane	(si plein)
11. helicóptero	helicopter	(JEliCOPter)

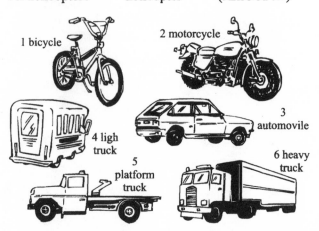

1 bicycle

2 motorcycle

3 automovile

4 ligh truck

5 platform truck

6 heavy truck

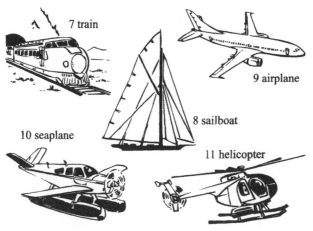

7 train

9 airplane

8 sailboat

10 seaplane

11 helicopter

FRASES ÚTILES:

Puedo reparar _____.	I can repair _____. (ai can riPEIR _____)
Puedo reparar motores de _____.	I can repair _____ engines. (ai can riPEIR ___ enYINS)
Puedo conducir un (una) _____.	I can drive a _____. (ai can draiv _____)
Puedo volar un _____.	I can fly a _____. (ai can flai *e* _____.)
Utilizo un (una) en mi trabajo.	I use a _____ on the job. (ai ius *e* _____ on *de* yob.)
Viajemos en tren.	Let's travel by train. (lets TRAvel bai trein)

LA OFICINA — THE OFFICE (di Ofis)

1. archivo	file cabinet	(fail KABinet)
2. calendario	calendar	(KALender)
3. conmutador	switchboard	(SUICHbord)
4. máquina de escribir	typewriter	(taip RAITer)
5. teclado	keyboard	(ki bord)
6. block de taquigrafía	shorthand pad	(SHORTjand pad)
7. calculadora	calculator	(KALkiuLEItr)
8. carta comercial	business letter	(BISnes letr)
9. sillón	swivel chair	(suivl cheir)
10. escritorio	desk	(desk)
11. agenda	appointment book	(aPOINTment buk)
12. lámpara de escritorio	desk lamp	(desk lamp)
13. teléfono	telephone	(TELefoun)
14. auricular	receiver	(riSIver)
15. armario	cabinet	(KABinet)
16. caja fuerte	safe	(seif)
17. mesa de reuniones	conference table	(KONfrens teibl)
18. computadora	computer	(comPIUtr)
19. engrapadora	stapler	(STEIpler)
20. regla	ruler	(RULer)

1 file cabinet

2 calendar

3 switchboard

4 typewriter

5 keyboard

6 shorthand pad

7 calculator

8 business letter

9 swivel chair

10 desk

11 appointment book

12 desk lamp

13 telephone

14 receiver

15 cabinet

16 safe

17 conference table

21. oficinista	clerk	(clerk)
22. cliente	customer	(KUStomer)
23. fichero	card index	(card INDex)
24. mecanógrafa	typist	(TAIPist)
25. secretaria	secretary	(SEcreTAri)
26. jefe	boss	(bos)
27. ejecutivo	executive	(ekSEciutiv)
28. gráfica de estadística	statistics graph	(staTIStics graf)
29. papelera	waste paper basket	(ueist PEIper basket)

FRASES ÚTILES:

¿Puedes operar el (la) __?	Can you operate the _____? (can iu OpeREIT de _____)
Tengo experiencia como _____.	I have experience as a ____. (ai *jav* exPIRiens as *e* ____)
La secretaria está archivando cartas.	The secretary is filing letters. (de SECretri isFAIling LETers)
Las mecanógrafas están escribiendo reportes.	The typists are typing reports. (de TAIpists ar TAIping riPORTS)
Los ejecutivos están en la sala de juntas.	The executives are in the conference room. (*d*i eXEcuitivs ar in *de* CONferens rum)

¿Qué estás haciendo?   What are you doing?
                       (juat ar iu duing)

Estoy trabajando en   I'm working at the computer.
la computadora.   (aim uorking at *de* comPIU*ter*)

18 computer

19 stapler

20 ruler

21 clerk

22 customer

23 card index

24 typist

25 secretary

26 boss

27 executive

28 statistics graph

29 waste paper
basket

RESTAURANT —
RESTAURANT (RESTorant)

1. mostrador	counter	(CAUNter)
2. cafetera	coffee machine	(KOFi maSHIN)
3. repostero	pastry cook	(PEIStri kuk)
4. estante de periódicos	newspaper rack	(nius PEIpr rak)
5. mesera	waitress	(UIETres)
6. bandeja (charola)	tray	(trei)
7. botella	bottle	(botl)
8. vaso	glass	(glas)
9. limonada	lemonade	(LEMoNEID)
10. taza de café	cup of coffee	(cup of KOfi)
11. señor	gentleman	(YENTLman)
12. señora	lady	(leidi)
13. periódico	newspaper	(nius PEIper)
14. helado	ice cream	(ais crim)
15. tarro de cerveza	beer mug	(bir mug)
16. espuma de la cerveza	beer froth	(bir froz*)
17. cenicero	ashtray	(ash trei)
18. estante	shelf	(shelf)

1 counter 2 coffee machine

3 pastry cook

4 newspaper rack 5 waitress 6 tray 7 bottle

8 glass 9 lemonade 10 cup of coffee 11 gentleman

12 lady

13 newspaper 14 ice cream

15 beer mug 18 shelf

16 beer froth 17 ashtray

19. vasos	glasses	(GLASes)
20. postre	dessert	(diSERT)
21. carta	menu	(meniu)
22. vaso de agua	glass of water	(glas of UATer)
23. jefe de meseros	head waiter	(jed UEIter)
24. cubitos de hielo	ice cubes	(ais kiubs)
25. servilleta	napkin	(NAPkin)
26. plato de ensalada	salad plate	(SALad pleit)
27. aderezo para ensalada	salad dressing	(SALad DRESing)
28. queso	cheese	(chiis)
29. pescado	fish	(fish)
30. carne con guarnición	meat with trimmings	(mit uiz TRImings)
31. pollo	chicken	(CHIken)
32. fruta	fruit	(frut)
33. jugo	juice	(yus)
34. agua mineral	mineral water	(MINeral UATer)
35. caja	cash desk	(cash desk)
36. cajera	cashier	(kaSHIIR)
37. salero	salt cellar	(solt SELer)
38. pimentero	pepper pot	(pePER pot)

19 glasses

20 dessert

21 menu

22 glass of water

23 head waiter

24 ice cubes

25 napkin

26 salad plate

27 salad dressing

28 cheese

29 fish

30 meat with trimmings

31 chicken

32 fruit

33 juice

34 mineral water

35 cash desk

36 cashier

37 salt cellar

38 pepper pot

FRASES ÚTILES:

¿Están listos para ordenar?	Are you ready to order? (ar iu redi tu Order)
¿Puedo ver el menú?	May I see the menu? (mei ai si *de* menú)
¿Qué le gustaría ordenar?	What would you like to order? (*j*uat uud iu laik tu Order?)
Me gustaría _____.	I'd like _____. (aid laik _____)
Qué tipo de aderezo desea?	What kind of dressing would you like? (juat kaind of DRESing uud iu laik)
Que tipo de helado va a tomar?	What kind of ice cream will you have? (*j*uat kaind of ais crim uil iu *j*av)

Tomaré de vainilla,
por favor.

I'll have vanilla, please.
(ail *j*av vaNIla, plis)

¿Qué bebida va
a querer?

What will you have
to drink?
(juat uil iu hav tu drink)

Café.

I'll have coffee.
(ail hav COFi)

¿Desea algo más?

Would you like anything
else?
(uud iu laik enizing els)

Sí, gracias. Quisiera
un vaso de agua.

Yes, thank you. I'd like
a glass of water.
(ies, zank iu. Aid laik
e glas of uot*er*)

No, Gracias.

No, thanks.
(nou, zanks)

EL CENTRO DE LA CIUDAD —
DOWNTOWN (daun taun)

1. parquímetro	parking meter	(Parking MITer)
2. plaza	square	(skuer)
3. parque	park	(park)
4. calle	street	(strit)
5. avenida	avenue	(Aveniu)
6. cuadra	block	(blok)
7. acera	sidewalk	(said uok)
8. edificio	building	(BILding)
9. tienda	store	(stor)
10. iglesia	church	(church)
11. biblioteca	library	(LAIbrari)
12. gasolinería	gas station	(gas steishon)
13. oficina de correos	post office	(poust Ofis)
14. banca	bench	(bench)

1 parking meter

2 square

3 park

4 street

5 avenue

6 block

7 sidewalk

8 building

9 store

10 church

11 library

12 gas station

13 post office

14 bench

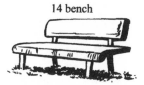

15. fuente	fountain	(FAUNtn)
16. tienda de ropa	clothes shop	(klous shop)
17. escaparate	shop window	(shop UINdou)
18. entrada	entrance	(ENTrans)
19. anuncio luminoso	neon sign	(neon sain)
20. sastrería	tailor's shop	(teilors shop)
21. transeúnte	pedestrian	(peDEStrian)
22. bolsa de compras	shopping bag	(SHOPing bag)
23. barrendero	road sweeper	(roud SUIper)
24. escoba	broom	(brum)
25. paso de peatones	pedestrian crossing	(peDEStrian KROsing)
26. policía	policeman	(poLISman)
27. librería	bookstore	(BUKstor)
28. motocicleta	motorcycle	(MOUTr saicl)
29. motociclista	motorcyclist	(MOUTr SAIclist)

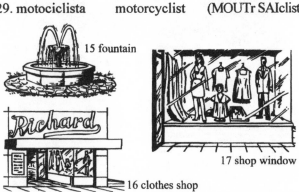

15 fountain

17 shop window

16 clothes shop

18 entrance

19 neon sign

20 tailor's shop

21 pedestrian

22 shopping bag

24 broom

23 road sweeper

25 pedestrian crossing

26 policeman

27 bookstore

28 motorcycle

29 motorcyclist

30. sombrerería	hat shop	(jat shop)
31. rótulo de tienda	shop sign	(shop sain)
32. oficina de seguros	insurance company	(inSHUrans KOMpani)
33. almacén	department store	(diPARTment stor)
34. teatro	theater	(zietr)
35. iluminación de la calle	street lamp	(strit lamp)
36. tranvía	streetcar	(strit car)
37. semáforo	traffic light	(TRAFic lait)
38. cabina telefónica	telephone box	(TELefon box)
39. café con terraza	street café	(strit caFE)
40. parada de taxis	taxi stand	(TAxi stand)
41. oficina de correos	post office	(poust Ofis)
42. voceador	news dealer	(nius DILer)

30 hat shop

31 shop sign

32 insurance company

33 department store

34 theater

35 street lamp

36 streetcar

37 traffic light

38 telephone box

39 street café

40 taxi stand

41 post office

42 news dealer

FRASES ÚTILES:
CÓMO LLEGAR A UN LUGAR

¿Dónde está el(la)_____? Where is the _____
                        (*j*uer is d*e* _____)

¿Qué tan lejos está   How far is the _____
el(la)_____?   (*j*au far is d*e* _____)

derecho   Straight ahead
                          (streit *aj*ED)

en la esquina.   On the corner.
                          (on d*e* CORn*er*)

a la vuelta de la esquina. Around the corner.
                          (*a*RAUND d*e* CORn*er*)

al otro lado de la calle   Across the street.
                          (*a*CROS d*e* strit)

frente a _____   In front of the _____
                          (in front of d*e* _____)

junto a   Next to (next tu)

detrás de   behind (bi*j*aind)

una cuadra.   One block (uan blok)

dos cuadras.	Two blocks. (tu bloks)
en medio de el(la)____	In the middle of _____ (in de midl of ____)
al fondo del (de la) ____	At the end of ____ (at di end of ____)
Dé vuelta a la derecha.	Turn right. (tern rait)
Dé vuelta a la izquierda	Turn left. (tern left)
Lejos	Far (far)
Cerca	Near (niir)
Afuera	Outside (autSAID)
Dentro	Inside (inSAID)
En el piso de abajo	Downstairs (daunSTEIRS)
En el piso de arriba	Upstairs (upSTEIRS)
En el tercer piso	On the third floor (on de zird* flor)
Norte	North (norz)
Sur	South (saud)
Este	East (ist)
Oeste	West (uest)

*Recuerde que la TH se pronuncia como la "C" de dice y la "Z" de azul en España.

Practique guiando a la persona a diferentes lugares del plano en la página siguiente.

¿Dónde está el teatro?   Where is the theater?
(juer is de zietr)

Está en la Calle Franklin. It's on Franklin Street.
(its on FRANklin strit)

Está en la esquina de   It's on the corner of
Franklin y Washington.   Franklin and Washington.
(its on de CORner of
FRANklin and Washington)

Está frente a la tienda.   It's in front of the store.
(its in front of *de* stor)

Está junto al restaurant.   Its next to the restaurant.
(its next to *de* REStorant)

Está cerca del parque.   Its near the park.
(its nir *de* park)

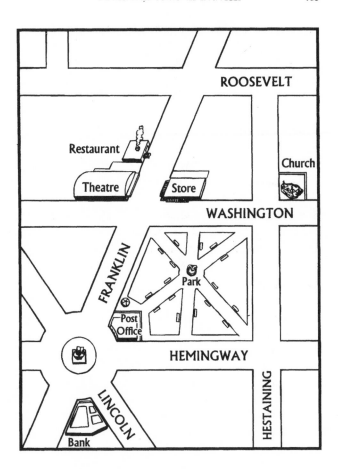

EL ALMACÉN — THE DEPARTMENT STORE

1. cajera	cashier	(caSHIR)
2. caja registradora	cash register	(cash REYister)
3. mercancía	goods	(guds)
	merchandise	(MERchanDAIS)
4. departamento	department	(diPARTment)
5. artículos de caballero	men's wear	(mens uer)
6. Artículos de dama	ladies' wear	(LAIdis uer)
7. cliente(a)	customer	(CUStomer)
8. mostrador	counter	(CAUNter)
9. dependienta	shop assistant	(shop aSIStant)
10. vendedor	salesman	(seils man)
11. vendedora	sales lady	(seils LEIdi)
12. descuento	discount	(DIScaunt)
13. precio	price	(prais)
14. ganga	bargain	(BARgen)
15. escalera mecánica	escalator	(escaLEItor)
16. elevador	elevator	(EleVEItor)
17. mantelería	table linen	(teibl LINen)
18. ropa de cama	bed linen	(bed LINer)
19. joyería	jewelry	(YULeri)
20. cortinas	curtains	(KERtens)
21. talla	size	(sais)
22. pasillo	aisle	(ail)

1 cashier

 2 cash register

 3 goods merchandise

 4 department

 5 men's wear

 6 ladies' wear

 7 customer

 8 counter

9 shop assistant

 10 salesman

 11 sales lady

 12 discount

 13 price

 14 bargain

 15 escalator

 16 elevator

 17 table linen

 18 bed linen

 19 jewelry

 20 curtains

 21 size

 22 aisle

FRASES ÚTILES:

Ayer fui de compras.	I went shopping yesterday. (ai uent shoping IESterDEI)
¿Gastaste mucho?	Did you spend a lot? (did iu spend e lot?)
Sí, gasté mucho.	Yes, I did. I spent a lot. (ies, ai did. Ai spent e lot)
No, no gasté mucho.	I didn't spend a lot. (ai didnt spend e lot.)
Trabajo en el almacén.	I work at the department store. (ai uork at de diPARTment stor)
Pedro trabaja en el almacén.	Pedro works at the department store. (Pedro uorks at de diPARTment stor)
Trabajamos en el almacén.	We work at the department store. (ui uork at de diPARTment stor)
Soy vendedor(a).	I)m a salesman. (aim e seilsman) I'm a sales lady. (aim e seils leidi)
Laura es vendedora.	Laura is a sales lady. (Lora is a seils leidi)
Estoy en el departamento de joyería.	I'm in the jewelry department. (aim in de yulri diPARTment)

Estás en el departamento de .....   You're in the .... department.
(iur in de yulri diPARTment)

Estamos en el departamento de....   We're in the .... department.
(uir in de... diPARTment)

ROPA DE HOMBRE — MEN'S CLOTHES (mens clous)

1. traje	suit	(sut)
2. pantalón	trousers	(TRAUsers)
3. chaleco	waistcoat	(ueist cout)
4. chaqueta	jacket	(YAKet)
5. sweater cerrado	pullover	(pulouver)
6. camisa	shirt	(shirt)
7. cinturón	belt	(belt)
8. abrigo	coat	(cout)
9. guantes	gloves	(GLOUvs)
10. corbata	tie	(tai)
11. puño	cuff	(cuf)
12. cuello	collar	(COLar)
13. camiseta	T-shirt	(ti shert)
14. pañuelo	handkerchief	(JANDkerchif)
15. pañuelo para el cuello	scarf	(scarf)
16. calcetín	sock	(sok)
17. zapato	shoe	(shu)
18. cinta de zapato	shoelace	(shu leis)
19. ropa interior	underwear	(Under uer)

ROPA DE HOMBRE — MEN'S CLOTHES (mens clous)

1 suit

2 trousers

3 waistcoat

4 jacket

5 pullover

6 shirt

7 belt

8 coat

9 gloves

10 tie

11 cuff

12 collar

13 T-shirt

14 handkerchief

15 scarf

16 sock

17 shoe

18 shoelace

19 underwear

ROPA DE MUJER —
WOMEN'S CLOTHES (Ulmens clous)

1. vestido	dress	(dres)
2. falda	skirt	(skirt)
3. blusa	blouse	(blaus)
4. abrigo	coat	(cout)
5. chaqueta	jacket	(**YAK**et)
6. vestido de noche	evening gown	(IVNing gaun)
7. traje con pantalón	trouser suit	(TRAUser sut)
8. traje sastre	skirt suit	(skirt sut)
9. vestido de dos piezas	two piece dress	(tu pis dres)
10. pantalones	slacks	(slaks)
11. falda pantalón	culottes	(kuLOTS)
12. camiseta	T-shirt	(ti shirt)
13. conjunto	twin set	(tuin set)
14. pantalón vaquero	blue jeans	(blu yins)
15. delantal	apron	(EIPron)
16. volantes	frills	(frils)
17. chal	shawl	(shol)
18. fondo	slip	(slip)

ROPA DE MUJER — WOMEN'S CLOTHES (Ulmens clous)

1 dress   2 skirt   3 blouse   4 coat   5 jacket

6 evening gown   7 trouser suit   8 skirt suit   9 two piece dress   10 slacks

11 culottes   12 T-shirt   13 twin set   14 blue jeans

15 aprón   16 frills   17 shawl   18 slip

ROPA DE NIÑOS —
CHILDREN'S CLOTHES (CHILdrens clous)

1. conjunto de calle	pram suit	(pram sut)
2. gorro	hood	(judi)
3. zapatitos	bootees	(butis)
4. camiseta	vest	(vest)
5. vestido de verano	pinafore dress	(PINafor dres)
6. traje de punto de una pieza	one-piece jersey suit	(uan pis YERsi sut)
7. pantalones cortos	shorts	(shorts)
8. pañales	diapers	(DAIepers)
9. pantaloncito de juego	rumper	(RUMper)
10. tirantes	suspenders	(susPENders)
11. vestido de punto	jersey dress	(YERsi dres)
12. pantalones de trabillas	leggings	(LEGings)
13. medias calcetín	knee length socks	(ni leg soks)

ROPA DE NIÑOS — CHILDREN'S CLOTHES (CHILdrens clous)

2 hood

4 vest

1 pram suit

3 bootees

7 shorts

6 one-piece jersey suit

5 pinafore dress

8 diapers

9 rumper

10 suspenders

11 jersey dress

12 leggings

13 knee length socks

ZAPATOS — SHOES (SHUS)

1. botas	boots	(buts)
2. botas de caballero	men's boots	(mens buts)
3. botas de señora	ladies boots	(LEIdis buts)
4. suela de plataforma	platform sole	(PLATform soul)
5. botas vaqueras	cowboy boot	(cau boi buts)
6. pantuflas	slippers	(SLIP*ers*)
7. zapato de tacón alto	high heel shoe	(*jai jil* shu)
8. zapato de tacón	pump	(p*u*mp)
9. zapato bajo	Oxford	(OX ford)
10. zueco	clog	(cl*o*g)
11. sandalia	sandal	(SANdal)
12. zapatos deportivos	sneakers	(SNIkers)

ZAPATOS — SHOES (SHUS)

1 boots

2 men's boots

3 ladies' boots

4 platform sole

5 cowboy boots

6 slippers

7 high heel shoe

8 pump

9 Oxford

10 clog

11 sandal

12 sneakers

FRASES ÚTILES PARA IR DE COMPRAS

¿Tiene _____?
Do you have _____?
(du iu hav?)

¿Puedo probarme esto?
Can I try this on?
(can ai trai *dis* on?)

No me queda.
It doesn't fit.
(*it* dosnt fit)

Necesito una blusa chica.
I need a small blouse.
(ai nid *a* smol blause)

Necesito una blusa mediana.
I need a medium blouse.
(ai nid *a* MIDiem blause)

Necesito una blusa grande.
I need a large blouse.
(ai nid *a* lary blause)

Pagaré al contado.
I'll pay cash.
(ail pei cash)

Pagaré con cheque.
I'll pay by check.
(ail pei bai chek)

Voy a usar tarjeta de crédito.
I'll use a credit card.
(ail ius *e* CREdit card)

¿Puedo apartar esto?   Can I put this on lay away?
                               (can ai put *dis* on lei *a*uay)

Quisiera cambiar esto.   I'd like to change this.
                               (aid laik tu cheinch *dis*)

FRASES ÚTILES SI TRABAJA EN UNA TIENDA DE ROPA

¿Puedo ayudarle?   May I help you?
                               (mei ai *j*elp iu)

¿Qué talla está   What size are you
buscando?   looking for?
                               (*j*uat sais ar iu luking for)

¿Qué color le gustaría?   What color would you like?

                               (*j*uat COLor uud iu laik)

VERBOS
IRREGULARES

En las páginas siguientes presentamos una lista de algunos de los verbos irregulares más comunes.

Español	Present	pronunciación	Past	pronunciación	Past Participle	pronunciación
SER	BE	Bi	WAS, WERE	uas, uer	BEEN	bin
EMPEZAR	BEGIN	biGIN	BEGAN	biGAN	BEGUN	biGUN
ROMPER	BREAK	breik	BROKE	brouk	BROKEN	BROUKen
TRAER	BRING	bring	BROUGHT	brot	BROUGHT	brot
COMPRAR	BUY	bai	BOUGHT	bot	BOUGHT	bot
VENIR	COME	com	CAME	keim	COME	com
HACER	DO	du	DID	did	DONE	dan
BEBER	DRINK	drink	DRANK	drank	DRUNK	drank
CONDUCIR	DRIVE	draiv	DROVE	drouv	DRIVEN	DRIven
COMER	EAT	iit	ATE	eit	EATEN	ITen
CAER	FALL	fol	FELL	fel	FALLEN	FOLen
ENCONTRAR	FIND	faind	FOUND	faund	FOUND	faund
OLVIDAR	FORGET	FORget	FORGOT	FORgot	FORGOTTEN	forGOten
CONSEGUIR	GET	guet	GOT	got	GOTTEN	GOten

DAR	GIVE	guiv	GAVE	gueiv	GIVEN	Given
IR	GO	gou	WENT	uent	GONE	gon
TENER	HAVE	jav	HAD	jad	HAD	jad
ESCUCHAR	HEAR	jier	HEARD	jerd	HEARD	jerd
IRSE	LEAVE	liiv	LEFT	left	LEFT	Left
HACER	MAKE	meik	MADE	meid	MADE	meid
PAGAR	PAY	pei	PAID	peid	PAID	peid
CORRER	RUN	run	RAN	ran	RUN	run
DECIR	SAY	sei	SAID	sed	SAID	sed
VER	SEE	si	SAW	so	SEEN	siin
VENDER	SELL	sel	SOLD	sould	SOLD	sould
SENTARSE	SIT	sit	SAT	sat	SAT	sat
DORMIR	SLEEP	sliip	SLEPT	slept	SLEPT	slept
HABLAR	SPEAK	spiik	SPOKE	spouk	SPOKEN	SPOUken
GASTAR	SPEND	spend	SPENT	spent	SPENT	spent
PARARSE	STAND	stand	STOOD	stud	STOOD	stud

ÍNDICE

TÍTULOS DE
ESTA COLECCIÓN

ABC del Inglés. *Jesse Ituarte*

Diccionario Español / Inglés

Inglés para la Vida Diaria

Impreso en Offset Libra

Francisco I. Madero 31

San Miguel Iztacalco,

México, D.F.